La raíz del YiJing (I Ching)
Del ZhouYi al Clásico de los Cambios

Enos Long

La raíz del YiJing (I Ching)

Del Zhou Yi al Clásico de los Cambios

ENOS LONG

La raíz del YiJing (I Ching)
Del ZhouYi al Clásico de los Cambios

© 2018 by Enos Long

Primera Edición: Noviembre 2018
ISBN: 978-1-9994008-7-3

SOJOURNER BOOKS

Otras obras del mismo autor:

I Ching: Carta natal e interpretación oracular

I Ching: Natal Chart and Oracular Interpretation

Indice

Introducción

Este libro no incluye una traducción del *YiJing / I Ching*, ni contiene instrucciones sobre su uso oracular. Está dirigido a aquellos aficionados serios, que quieren conocer mejor la estructura e historia del *YiJing,* analizando sus niveles de significado:

- Su estructura básica, formada por las figuras de los hexagramas y sus vinculaciones matemáticas, que son analizados en La Estructura.
- Su terminología, es decir las palabras más usadas en el texto, que se explican en **Términos y Presagios**.
- Los personajes, tanto humanos como animales que pueblan el texto, son descriptos en **Los Personajes** y **El Bestiario**.
- **Historia y Evolución** describe el contexto histórico y los cambios y la evolución de los medios adivinatorios en China, desde los huesos oraculares, pasando por el *ZhouYi,* hasta el Clásico de los Cambios.
- **Conexiones con el pensamiento moderno** muestra coincidencias entre el pensamiento del Libro de los Cambios, la ciencia y el pensamiento modernos.
- Por último, el **Glosario** explica algunos términos que se repiten a lo largo de esta obra.

Qué es el *YiJing*

El *YiJing* es un libro formado por una combinación de imágenes y texto, pero las imágenes que forman sus 64 hexagramas —figuras compuestas de seis líneas, enteras o partidas—, no son simplemente ilustrativas, sino que forman la trama básica del material, que el texto adjunto explica.

Las **Diez Alas** explican la relación entre imágenes y palabras (traducción de Richard Whilhelm/Vogelman):

Dijo el Maestro: «La escritura no puede expresar las palabras totalmente. Las palabras no pueden expresar los pensamientos totalmente». ¿De modo que no pueden verse, entonces, los pensamientos de los santos y sabios? Dijo el Maestro: «Los santos y sabios establecieron las imágenes con el fin de expresar totalmente sus pensamientos; representaron signos con el fin de expresar totalmente lo verdadero y lo falso. Luego agregaron además juicios y así pudieron expresar sus palabras totalmente.»

Estas imágenes de las que habla Confucio, son los hexagramas, que habitan en el mismo nivel simbólico que las matemáticas, un nivel mucho más cercano a la realidad universal que el lenguaje humano (como mostramos en **La Estructura**). Los juicios son lo que hoy en día conocemos como el Dictamen.

Sobre ese nivel básico del *YiJing*, no-textual, sino gráfico, formado por las 64 figuras-hexagramas, se asientan varias capas de texto, que explican y expanden el significado de la ideas descriptas por los hexagramas.

No sabemos a ciencia cierta de qué época provienen los trigramas y hexagramas, las figuras más antiguas de estos signos se encuentran en huesos oraculares del segundo milenio a.C.

Historia del *YiJing* según la tradición China

El diseño de los dibujos de los 8 trigramas se atribuyen a *FuXi*, en el milenio tercero a.C., siendo cada trigrama una combinación de tres líneas, llenas y partidas, mucho tiempo después el rey **Wen** creó los 64 hexagramas, combinando los ocho **trigramas** de todas las formas posibles.

El rey *Wen* escribió un texto aclaratorio para cada hexagrama mientras estaba aprisionado por el tirano *Shang Zhou*, alrededor del siglo XI a.C.

La obra del rey *Wen* forma el estrato más antiguo del *YiJing*. Son los 64 textos cuyos primeros uno o dos caracteres le dan nombre a los hexagramas. Hoy los llamamos El Dictamen.

El hijo del rey *Wen*, el duque *Dan* de *Zhou*, escribió los textos que se adjuntan a cada una de las seis líneas de cada hexagrama −excepto los hexagramas 1 y 2, que tienen siete textos−.

Estas dos partes, El Dictamen y los comentarios a cada línea, combinadas en un solo libro, se conocieron en su época como *ZhouYi*, "El Cambio de los Zhou". **Zhou** es el nombre de la dinastía que el rey *Wen* y sus hijos llevaron al poder, derrocando a la dinastía previa, **Shang**, en el año 1046 a.C.

Durante la primer parte de la dinastía *Han* (206 a.C. - 220 d.C.), al *ZhouYi* se le agregaron las **Diez Alas**, y el texto conjunto pasó a llamarse *YiJing:* El Clásico de los Cambios, convirtiéndose así en uno de los Cinco Clásicos que eran el canon de la cultura china. Desde entonces el *YiJing* se ha mantenido prácticamente sin cambios.

Las Diez Alas, *ShiYi*, se dividen en diez partes; el texto que conocemos como La Imagen, *DaXiang*, y que se incluye en la mayor parte de las traducciones del *YiJing* se encuentra en las alas tercera y cuarta.

La próxima sección, *Historia y Evolución*, profundiza sobre la génesis y desarrollo del *YiJing,* examinando la historia tradicional de su creación a la luz de los descubrimientos arqueológicos más recientes.

Notas

- *I Ching* y *Yijing,* son simplemente dos formas distintas de escribir la pronunciación del nombre chino del Libro de los Cambios con letras occidentales. Vea **Romanización** en el glosario para tener una explicación más detallada.
- Todas las fechas son aproximadas.
- El análisis de los términos, personajes, etc., realizado en este libro se basa en los caracteres chinos que definen cada término; en cada caso se muestra el carácter correspondiente así como su pronunciación.
- En esta introducción, la palabra hexagrama se refiere a las 64 figuras de seis líneas (*gua*) que son el fundamento del *YiJing*. En los siguientes capítulos, el término hexagrama se usa con mayor latitud. Dependiendo del contexto, puede representar, ya sea uno de los 64 *gua*, o los textos asociados con esa figura, que incluyen: *GuaCi* (El Dictamen), *YaoCi* (los textos asociados a cada línea) y *DaXiang* (La Imagen).
- Utilizamos nuestra propia traducción del *YiJing* para todas las citas de su texto que aparecen en los próximos capítulos.

Historia y Evolución

Trigramas y hexagramas

Se ignora cuando o debido a quien se crearon los trigramas y hexagramas, tampoco se conoce su orden de precedencia. Algunos los atribuyen a *Fuxi*, otros a *Shennong*, otros al rey *Wen*.

Fuxi es uno de los tres primeros legendarios emperadores, que fueron *Fuxi, Shennong* y *Hungdi*. *Fuxi* es un héroe cultural y el fundador de la civilización China; en el siglo XXX a.C. *Fuxi* creó la raza humana, los civilizó, les enseñó a cocinar, pescar con redes y cazar. Creó el calendario, la música, la escritura y la institución del matrimonio. También se atribuye a *Fuxi* la creación de los ocho trigramas, llamados *BaGua*.

Según la tradición, y como puede verse en *DaZhuan*, El Gran Comentario, que es parte de las Diez Alas, *Fuxi* creó los trigramas, que formaron la base del ZhouYi. El Gran Comentario dice:

"Cuando en la antigüedad *Fuxi* gobernaba el mundo como soberano, él miró hacia arriba y observó las imágenes en el cielo y miró hacia abajo y observó los modelos que la tierra proporcionaba. Observó los patrones en los pájaros y las bestias y qué cosas eran convenientes para la tierra.

Cerca, tomándolos de su propia persona, y lejos, tomándolos de otras cosas, hizo los ocho trigramas para familiarizarse completamente con las virtudes inherentes a lo numinoso y lo brillante y para clasificar la miríada de cosas en términos de sus verdaderas naturalezas innatas".

Otro emperador legendario al que se atribuyen los trigramas es *Shennong*, nacido en el siglo XXVIII a.C, con la cabeza de un toro y el cuerpo de un hombre. Inventó los carros y el arado y domesticó los bueyes y los caballos para convertirlos en animales de tiro.

El rey *Wen* es un personaje histórico que fundó la dinastía *Zhou* y —según la tradición— fue el creador de los hexagramas y los textos que los acompañan, llamados *GuaCi:* El Dictamen. El texto de cada línea de los hexagramas, llamado *YaoCi*, se atribuye un hijo del rey *Wen*, el duque *Dan* de *Zhou*. *Gua* significa hexagrama o trigrama; *Ci:* texto, frase; *Yao:* línea.

El conjunto que forman los textos adjuntos a cada línea, *YaoCi* más el texto adjunto a cada hexagrama, *GuaCi*, se conocieron en su época como *ZhouYi:* El Cambio de los *Zhou*. Ese libro con el tiempo se convirtió en el *YiJing*, de la mano de la dinastía *Han*.

La investigación arqueológica encontró huesos oraculares, procedentes de la dinastía *Shang*, inscritos con símbolos similares a los hexagramas y trigramas, lo que indica que estos ya eran conocidos antes de la creación del *ZhouYi*.

La explicación que parece más plausible, a luz de los conocimientos actuales, es que los trigramas y hexagramas son el resultado evolutivo de formas muy tempranas de la numerología China, incluyendo aquellas asociadas con la adivinación con huesos oraculares.

ZhouYi - **El Cambio de los** *Zhou*

El rey *Wen* (c 1152 - 1056 a.C.) es honrado como el fundador de la dinastía *Zhou* y el creador del *ZhouYi*, pero su hijo, *Wu*, fue el que derrocó a la dinastía *Shang,* c 1046 a.C. El nombre original de *Wen* era *JiChang*, después que su hijo *Wu* derrocó a los *Shang*, *JiChang* fue nombrado rey *Wen* póstumamente.

La tradición nos cuenta que el rey *Wen* fue apresado por el tirano *Zhou* —el último emperador de la dinastía *Shang*— y que durante su aprisionamiento creó los 64 hexagramas, combinando los ocho trigramas en todas las formas posibles y escribió 64 textos cortos, para explicar el significado cada hexagrama, como ya vimos esos textos se llaman *GuaCi*. El título de cada hexagrama se saca de los primeros uno o dos caracteres de cada *GuaCi*. Como ya vimos, su hijo el duque *Dan* de *Zhou* escribió el texto para cada línea.

El contenido del *ZhouYi* sugiere que su texto fue compilado a partir de diversas fuentes. El *ZhouYi* aparenta ser una combinación creativa de presagios, rimas y elementos diversos procedentes de la época de su creación.

Algunos elementos históricos que aparecen en el texto del *ZhouYi* nos ayudan a establecer la fecha de su creación.

En el hexagrama 35, El Progreso, en su Dictamen, se menciona el regalo de caballos a *Kang Hou*, un hijo del rey *Wen:*

Progreso.

El marqués de *Kang* es honrado con gran cantidad de caballos.

En el mismo día es recibido [en audiencia por el soberano] tres veces.

En la quinta línea del hexagrama 36, El Oscurecimiento de la Luz, se menciona al príncipe *Ji*, narración que es parte de la historia sobre el conflicto entre los *Zhou* y los *Shang:*

Oscurecimiento de la Luz [como en el caso de el] príncipe *Ji.*

La determinación es favorable.

También hay varias historias ambientadas durante la época de la dinastía *Shang,* que aparecen en los hexagramas 34.5, 56.6 (pérdida de una vaca o carnero en *Yi*), 63.3, 64.4 (la conquista de *gui,* la Tierra del Demonio), 11.5 y 54.5 (la boda de la hija del emperador *Yi*).

Todos estos elementos historicos nos indican que el *ZhouYi* fue completado durante los inicios de la dinastía *Zhou,* que comenzó en el año 1046 a.C.

El *ZhouYi* es un libro mucho más compacto que el *YiJing,* porque no contiene ningún comentario ni datos anexos, su longitud es poco más de 5000 caracteres, es decir menos de 80 caracteres en promedio para los textos asociados a cada hexagrama.

Rituales Adivinatorios

Los reyes de las dinastías *Shang* y *Zhou* practicaban la adivinación. Los reyes eran shamanes y adivinos, teniendo la prerrogativa de ofrecer sacrificios a los dioses, espíritus y espíritus de sus antepasados.

El rey estaba asistido por otros shamanes y/o adivinos, que −aparentemente−, durante la dinastía *Shang,* pertenecían al clan de los shamanes.

Los sacrificios y el culto a los antepasados ayudaban a mantener la preeminencia de la dinastía. Los sacrificios estaban ligados a la adivinación, que siempre precedía a los sacrificios.

En muchos casos la adivinación involucraba comunicación con los antepasados a los que se consideraba responsables de muchos de los males que aquejaban al reino y la salud de los monarcas y sus familias. Por eso se adivinaba para averiguar qué antepasado estaba irritado y se lo aquietaba con un sacrificio.

Antes de la creación del *ZhouYi*, al método adivinatorio que se utilizaba eran los huesos oraculares. El *ZhouYi* no reemplazó a los huesos oraculares, sino que agregó un nuevo canal para poder comunicarse con los espíritus.

Huesos Oraculares

Desde el cuarto milenio a.C., en épocas neolíticas, en el área que hoy conocemos como China —y también en gran parte de Asia—, se usaban las escápulas de bovinos, ovejas, cerdos y ciervos para las consultas oraculares. Los adivinos de la dinastía *Shang* usaban todos estos materiales, pero preferían utilizar escápulas de bueyes y plastrones de tortugas y con el paso del tiempo prácticamente dejaron de usar los otros materiales. Luego de reemplazar a los *Shang* como dinastía reinante, los *Zhou* siguieron utilizando escápulas de bueyes y plastrones de tortugas como material adivinatorio, además de utilizar el *ZhouYi*.

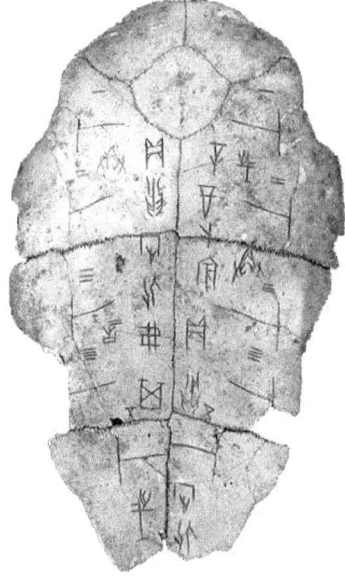

La imagen que aparece arriba a la derecha muestra una consulta de la época de la dinastía *Shang*, grabada en un plastrón de tortuga.

Se conoce como plastromancia a la producción de grietas en plastrones de tortuga por piromancia —aplicándoles calor—. Escapulimancia es un método similar, pero aplicado a omóplatos de animales, normalmente bueyes.

Huesos oraculares, *jiagupian,* es el término genérico usado para este tipo de adivinación, ya sea que se hayan usado plastrones o escápulas.

Las escápulas se preparaban descartando el cartílago y dejando solo la parte ósea, que se trabajaba para dejar una superficie plana.

Los plastrones de las tortugas también se preparaban, alisándolos. Se cree que se prefería utilizar plastrones de tortugas hembras —práctica que aún continúa en uso en Taiwan—, porque sus plastrones tienen un grosor más parejo y son más suaves. Para algunas consultas oraculares también se usaba el caparazón de las tortugas. Las tortugas eran consideradas animales sagrados, debido a sus largas vidas. Se creía que tenían un poder especial para contactar a otros en el mundo espiritual, especialmente los antepasados.

El siguiente paso era escribir notas en los huesos, que especifican detalles como la fuente y la cantidad de los huesos usados, las personas que los suplieron, etc.

Luego se tallaban ranuras o huecos en la parte trasera de los huesos oraculares —el lado opuesto a donde se formaban las rajaduras— para poder aplicar allí calor, lo que producía rajaduras. Esas rajaduras se interpretaban como la respuesta oracular. Los huecos debilitaban el hueso oracular, facilitando así la creación de grietas al calentarlo. Las grietas, típicamente tomaban esta forma: .

También se anotaban una serie de detalles en el hueso, tales como la fecha, el nombre del adivino, la pregunta efectuada, el pronóstico oracular, etc.

Los adivinos o el rey mismo, interpretaban las rajaduras en los huesos oraculares, que eran consideradas como portadores de mensajes de los espíritus.

Algunos estudiosos creen que los hexagramas se desarrollaron a través de un proceso por el cual adivinaciones rudimentarias como «afortunados/ ominoso», dieron lugar a sistemas adivinatorios más complejos.

Figuras de trigramas y hexagramas se pueden ver en huesos oraculares procedentes de la dinastía *Shang*, eso muestra que el *ZhouYi* es el resultado final de la evolución del sistema adivinatorio usando huesos oraculares.

La Edad de Bronce en China

Para entender la visión del mundo del *ZhouYi* es preciso tener algunos conocimientos sobre la época que lo originó, La Edad de Bronce; y las dinastías que suministraron los materiales culturales para su texto, que fueron las dinastías *Shang, Zhou* y *Han* (la dinastía *Han* transformó al *ZhouYi* en el *YiJing*, agregándole las Diez Alas, como veremos más adelante).

La dinastía *Shang* —o *Yin* según otras fuentes— dominó el valle del Río Amarillo, reemplazando a la dinastía *Xia*. La dinastía *Shang* es la primera dinastía china de la que tenemos registros documentales y arqueológicos, se estima que se inició en 1556 a.C. y perduró hasta 1046 a.C. cuando los *Zhou* los depusieron.

Las principales fuentes arqueológicas sobre la cultura de los *Shang* son bronces, huesos oraculares, cerámicas, esculturas de piedra y ruinas de la época.

La dinastía *Zhou*, que precedió a los *Shang*, se divide en dos partes: *Zhou* Occidental (1046 a.C.-771 a.C) y *Zhou* Oriental (771 a.C.-221 a.C).

La dinastías *Shang* y *Zhou* del Oeste existieron durante la edad de bronce, y comparten muchos rasgos culturales, que también se ven reflejados en el *ZhouYi*.

La Edad de Bronce describe la época cuando se descubrió como extraer cobre y estaño de la tierra, y como combinarlos para hacer utensilios de bronce.

En la Edad de Bronce la humanidad aprendió a cultivar la tierra y así producir comida extra para permitir el sustento de trabajadores especializados, como mineros, herreros, tejedores, alfareros, etc.

La alimentación del pueblo estaba basada en cereales, panes y tortas de mijo y cebada. La clase gobernante podía suplementar su dieta con carne y vino.

Las armas y herramientas eran de bronce. Se utilizaban herramientas de jade en ceremonias y rituales.

Se han desenterrado muchos sofisticados objetos de bronce de la época. Eran frecuente las vasijas de bronce de tres patas con imágenes de animales. También se forjaban máscaras de bronce, que posiblemente eran utilizadas en los ritos.

Los soldados tenían armas de piedra o bronce, escudos de madera, paja y cuero y cascos de bronce y/o cuero y petos de bronce.

Para esa época los chinos aún no habían aprendido a montar los caballos, pero utilizaban carros de guerra, típicamente tirados por cuatro caballos.

Tenían arcos, hachas de bronce, lanzas, alabardas y cuchillos. Todavía no conocían la espada.

Las élites gobernantes residían en complejos amurallados y controlaban el suministro de las artesanías que suplían objetos de prestigio a los señores feudales que le habían jurado obediencia al rey.

La sociedad se dividía en seis clases:

- Gobernantes: El rey y su familia extendida.
- Nobles: Eran los vasallos del rey, asimilándose hasta cierto punto a los señores feudal del medioevo en Europa. Eran la clase que estaba inmediatamente por debajo de la familia real. Ellos peleaban en las guerras del rey, suministrando soldados, carrozas y soporte material. También le cobraban los impuestos a los campesinos, y le daban al rey su parte.
- Campesinos: La tierra estaba bajo el control del rey o los nobles, los campesinos estaban confinados a la tierra en la que habitaban y ca-

recían de cualquier derecho individual. Podían ser reclutados por los nobles en cualquier momento para ir a pelear en las guerras.

- Artesanos: Eran los trabajadores del bronce, herreros, alfareros, masones, etc. Ellos fabricaban las armas de bronce y todos los elementos de lujo que los que disfrutaban los nobles.
- Comerciantes: Los comerciantes estaban por debajo de los nobles. Usaban conchas de tortuga como dinero.
- Esclavos: Los esclavos podían descender de otros esclavos o haber sido esclavizados después de haber sido capturados en batalla.

El transporte fluvial era muy usado, se usaban como canales de transportación tanto el Río Amarillo y sus tributarios, como canales artificiales, para ampliar el área cubierta por el transporte fluvial. El transporte fluvial era muy importante para el movimiento de los bienes y la extensión del área de influencia de los gobernantes.

Una característica de los reyes de la época Neolítica y la Edad de Bronce, como los *Shang* y los *Zhou* Occidentales, es que el rey no solo ejercía el poder político y militar, sino que era una figura religiosa carismática. El rey era el conducto entre el mundo de los espíritus, especialmente sus antecesores, y el mundo de los hombres. El rey también conducía sacrificios y danzas ceremoniales para propiciar a las fuerzas de la naturaleza, como el sol y los dioses de la lluvia.

El *ZhouYi* era un manual divinatorio para la clase gobernante.

Las Diez Alas

Las Diez Alas contienen los comentarios más antiguos conocidos sobre el *ZhouYi*. Se cree que las Diez Alas fueron escritas durante el Periodo de los Reinos Combatientes, que coincidió con la última etapa de la dinastía *Zhou* Oriental (siglo V a.C.-221 a.C.) y comienzos de la dinastía *Han* (206 a.C. - 220 d.C.).

Aunque la tradición atribuye las Diez Alas a Confucio, lo más razonable es pensar que son una obra de la escuela de pensamiento confuciana, pero no procedentes del mismo Confucio.

Las Diez Alas contienen varios comentarios sobre el texto de los hexagramas, *GuaCi*; las líneas, *YaoCi* y los trigramas, *Gua*.

Algunas traducciones del *YiJing* no incluyen las Diez Alas; otras las colocan separadamente del texto de los hexagramas, en un apéndice —como en la traducción de Legge—; muchas insertan solo el contenido de las alas 3 y 4, La Imagen, dentro de cada hexagrama. La traducción de Richard Wilhelm tiene una disposición bastante compleja, en el libro 1, inserta La Imagen dentro del texto de cada hexagrama; en el libro dos se reproducen las Diez Alas; en el libro tres repite el texto de los hexagramas, insertando la porción correspondientes de cada ala dentro junto al Dictamen y comentarios de las líneas.

También hay algunas traducciones que tratan de recrean al *ZhouYi*, tal y como fue al principio, sin incluir las alas.

#	Nombre	Contenido
1 y 2	*TuanZhuan*	Comentario para las Decisiones. Es un comentario sobre El Dictamen o *YaoCi*.
3 y 4	*XiangZhuan*	Comentario sobre las Imágenes. Relaciona los trigramas componentes del hexagrama con el sentido del mismo. Es el texto comúnmente llamado La Imagen, *DaXiang*.
5 y 6	*DaZhuan*	Gran Comentario. Es un tratado complejo que mezcla distintos elementos.
7	*Wenyan*	Comentario a las Palabras del Texto. Tiene un profundo análisis, pero solo comenta los dos primeros hexagramas.
8	*Shuogua*	Discusiones sobre los trigramas. Analiza los trigramas, su simbología y su ubicación espacial con relación a los puntos cardinales.
9	*Xugua*	La Secuencia, el Ordenamiento de los Signos. Trata de explicar la secuencias y los nombres de los hexagramas.
10	*Zagua*	Signos Entreverados. Definiciones en verso sobre los hexagramas, ordenados en pares antitéticos.

YiJing - El Clásico de los Cambios

El *ZhouYi* sobrevivió intacto a la quema de libros efectuada durante la dinastía *Qin* (221-206 a.C.), debido a su valor como herramienta divinatoria.

Durante la siguiente dinastía, *Han*, el *ZhouYi* se convirtió en el *YiJing*.

En el año 136 a.C. el emperador *Wu* le asignó al *ZhouYi* la primera posición entre los cinco clásicos, dándole el nombre de Clásico de los Cambios o *YiJing* y combinando las Diez Alas con el texto del *ZhouYi*; *Jing* significa escritura, canon, clásico.

Los cinco clásicos son:

YiJing,	el Clásico de los Cambios.
ShuJing,	el Clásico de la historia.
ShiJing,	el Clásico de la poesía.
LiHing,	el Registro del rito.
ChunQiu,	los Anales de primavera y otoño.

Los Cinco Clásicos formaron la base del pensamiento confuciano. También tenían importancia práctica, debido a que para conseguir empleo en la burocracia gubernamental era preciso conocer a fondo los Cinco Clásicos para poder pasar los estrictos exámenes imperiales.

YueJing, el Libro de la música fue considerado el Sexto clásico, pero no ha llegado hasta nuestros días.

El "Clásico de los Cambios", "Libro de los Cambios", o *YiJing* pasó de ser un manual divinatorio para la clase gobernante a convertirse en un libro sapiencial y divinatorio, que era conocido y reverenciado por toda la clase ilustrada de la época.

Para cuando se escribieron las Diez Alas, la situación cultural había cambiado bastante. Durante la última época de la dinastía *Zhou* Oriental, los reyes habían perdido mucho poder y los señores feudales se habían fortalecido, lo que incrementó las guerras y la anarquía. Esa época se divide en dos períodos: "Primavera y Otoño" y "Los Reinos Combatientes".

Durante el período de Primavera y Otoño los chinos se expandieron, colonizando nuevos territorios y el poder central se debilitó, llegando a haber más de 170 pequeños estados. Este fue un período en el que las ciudades-estado se repartían el poder, y los pequeños señores combatían entre sí para incrementar su territorio a costa de sus vecinos.

El florecimiento filosófico cultural se debió a que la alfabetización aumentó y hubo más libertad de pensamiento. Por eso en esa época surgieron muchas nuevas corrientes filosóficas, que fueron conocidas como las Cien Escuelas de Pensamiento (*zhuzi baijia*). Las más conocidas son el Confucianismo, Taoísmo, Legalismo y el Mohísmo.

En esta época proliferaron los eruditos itinerantes —como fue Confucio—, que eran empleados como consejeros por los gobernantes.

Las Diez Alas fueron escritas por estos eruditos, specialmente de la escuela confuciana.

Evolución Cultural

Durante el tiempo pasado entre la creación del *ZhouYi* y la escritura de las Diez Alas, el idioma Chino evolucionó mucho.

Para la época en la que se redactaron las Diez Alas, el lenguaje del *ZhouYi* era arcaico y difícil de entender, los caracteres tenían un estilo diferente. El pensamiento Chino se había vuelto más filosófico y sofisticado.

Por eso los comentadores re-interpretaron el contenido original a la luz de sus propios sistemas de pensamiento. De ahí que el *YiJing* que hoy conocemos es una síntesis que combinó un manual adivinatorio escrito para el uso de la realeza con elementos filosóficos y morales que se manifiestan a través de su marco divinatorio original.

Podemos notar la evolución del pensamiento chino a través de los cambios del significado de varios caracteres chinos usados en el texto del *ZhouYi*.

Por ejemplo, la palabra *JunZi*, que aparece 73 veces en el libro de los cambios, originalmente significaba "hijo del príncipe", pero con el tiempo pasó a significar más cosas:

- "un hombre de noble carácter";
- un término honorífico con el que las mujeres se referían a sus esposos.
- finalmente tomó el significado de "hombre superior", de la filosofía confuciana, que algunas autores traducen como "noble", palabra que contiene tanto el significado original como la connotación de nobleza de carácter.

Tal como pasó con *JunZi*, muchos otros caracteres adquirieron nuevos significados. Sabemos que el significado asignado a algunos de los caracteres en el *YiJing* que conocemos no es el mismo que el que tenían cuando se creó el *ZhouYi*.

El *ZhouYi* es una compilación de material divinatorio arcaico. Ni el *ZhouYi* ni el *YiJing* fueron creados en su totalidad por una sola persona, ambos son brillantes síntesis de material procedente de distintas fuentes. En un texto con orígenes tan heterogéneos y arcaicos, es muy difícil, no solo descubrir sino siquiera definir a qué llamamos significado original.

En este obra nos atenemos al significado tradicional que la cultura China asigna al texto del *YiJing*, el aceptado desde la dinastía *Han* hasta nuestros días. Dejamos a trabajos más eruditos discernir el significado original de los caracteres usados en el *ZhouYi* (entre los autores que tradujeron el *ZhouYi* se pueden mencionar Kunst, Rutt y Whincup). La Estructura

La Estructura

El *YiJing* está compuesto por varios niveles estructurales. El nivel más obvio es su texto, que su vez puede dividirse en distintas capas, como ya vimos en la introducción: *Guaci* (el Dictamen)*, YaoCi* (los comentarios a las líneas), etc.

Otro nivel es el formado por los dibujos de sus hexagramas, que forman el nivel inicial, el núcleo sobre el que se apoyan todas las capas de texto que los explican.

Los 64 hexagramas, compuestos de líneas enteras y partidas, describen las distintas combinaciones posibles de las dos energías que generan todo el ciclo de los cambios. El *Yijing* describe el cambio como parte de un ciclo permanente, oscilando entre dos principios: *yang*, que es activo y energético y *yin,* que es pasivo y obediente. El *yang* y el *yin* son las dos fuerzas dialécticas, opuestas y complementarias, que forman la trama básica de la estructura de los hexagramas.

Sus atributos son:

Línea yin: Femenino, pasivo, oscuro, sombreado, frío, blando, la Tierra.

Línea yang: Masculino, activo, luminoso, soleado, calor, duro, el Cielo.

El *yin* y *yang* son fuerzas relativas y cambiantes, que constantemente interaccionan. Las conductas firmes y dominantes son *yang*, las débiles y subordinadas *yin*. El constante flujo del *yang* y *yin* se hace evidente en la adaptación a las necesidades de cada momento.

Cuando una línea *yang* se convierte en una línea *yin*, o viceversa, se dicen que muta, por eso al consultar al oráculo del *YiJing*, solemos obtener líneas mutantes y no mutantes. Se considera que las líneas más fuertemente cargadas de energía son las que mutan, las líneas mutarse suelen llamarse "*yang* viejo" y "*yin* viejo".

Todos los hexagramas están conectados entre sí; cuando el oráculo contesta una pregunta es frecuente que la respuesta comprenda un par de hexagramas conectados por líneas mutantes. Las líneas mutantes indican los caminos del cambio que relacionan los hexagramas entre sí, pero los hexagramas también se conectan entre sí de otras formas, como veremos a continuación.

Secuencia de los hexagramas

La secuencia tradicional de los hexagramas del *YiJing* se atribuye al rey *Wen*.

En la Novena Ala, Hexagramas Ordenados, *Xugua* −ver **Las Diez Alas**−, se explica el ordenamiento de los hexagramas, pero su razonamiento no es muy convincente porque no sigue ningún sistema consistente, y la explicación parece forzada.

Lo que sí es claro es que los hexagramas están ordenados por pares opuestos. El primer par es el formado por los hexagramas 1 y 2, los siguientes pares se forman secuencialmente con el resto de los hexagramas (3-4, 5-6, etc.). Cada par comprende un hexagrama con número impar y el hexagrama con número par que le sigue.

En la mayoría de los casos, para obtener el hexagrama opuesto, basta con girar 180 grados la figura del hexagrama original. Esta transformación se llama *FanGua*, que significa "hexagramas girados".

En los primeros dos hexagramas, 1 y 2, es obvio que el hexagrama opuesto no puede obtenerse girando 180 grados el hexagrama original, lo mismo pasa con los pares 27-28, 29-30 y 61-62. En estos cuatro casos hay que mutar todas las líneas de los hexagramas para obtener el hexagrama opuesto. Esta transformación se denomina *CuoGua*, que significa "hexagramas entrelazados".

Los cuatro pares complementarios −*CuoGua*− que se forman mutando las líneas de los hexagramas, se muestran en color gris claro en imagen de la próxima página, que muestra los 34 pares de hexagramas que forman el *YiJing*, dibujados en su secuencia tradicional. Los pares formados rotando los hexagramas −*FanGua*− se muestran en color negro.

Leyendo el texto de la situación descripta por el hexagrama opuesto es posible entender mejor el tiempo descripto por el hexagrama original.

En la mayor parte de los pares opuestos es claro que ambos significados son diametralmente opuestos: *yang/yin*, merma/aumento, conmoción/aquietamiento, etc. En algunos casos, las relación entre ambos hexagramas no es tan clara y es materia para la reflexión del lector.

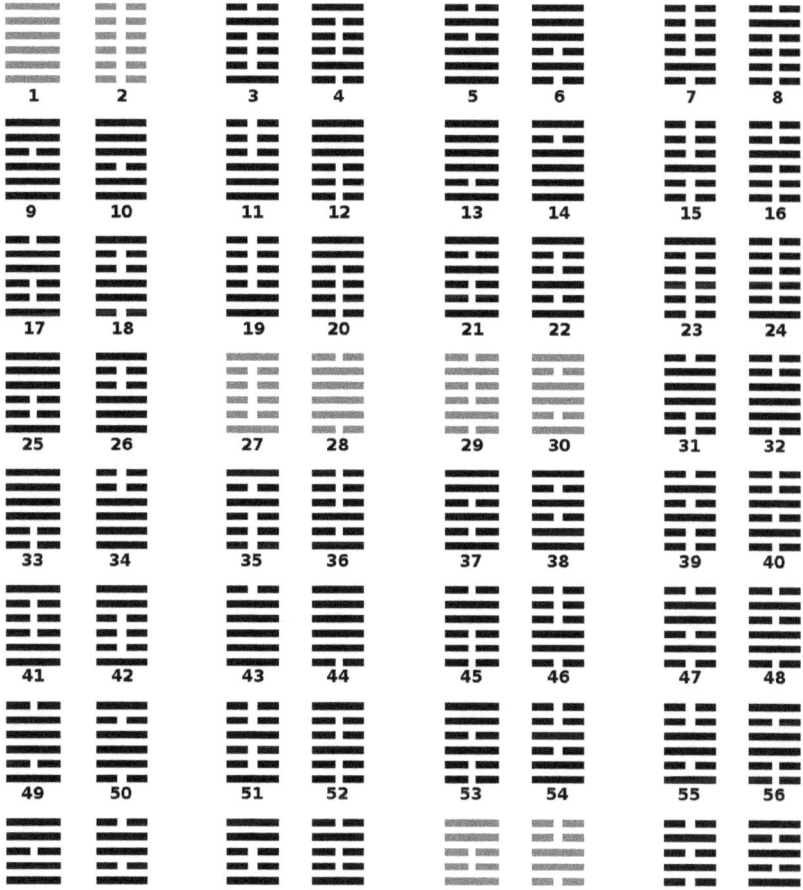

Ordenamientos alternativos

Shao Shong

Un famoso ordenamiento alternativo de los hexagramas, relacionado con la matemática binaria, es atribuido a *Shao Yong* (1011-1077 d.C), quien fue un filósofo, poeta e historiador chino de la dinastía *Song*. Este ordenamiento de los hexagramas sigue pautas binarias, como muestra la figura de la próxima página.

El título de la figura es *Fuxi liushisi gua fangwei*, Diagrama de Fuxi de las Direcciones de los Sesenta y cuatro Hexagramas, en *Zhuzi quanshu*, vol 1, p. 20.

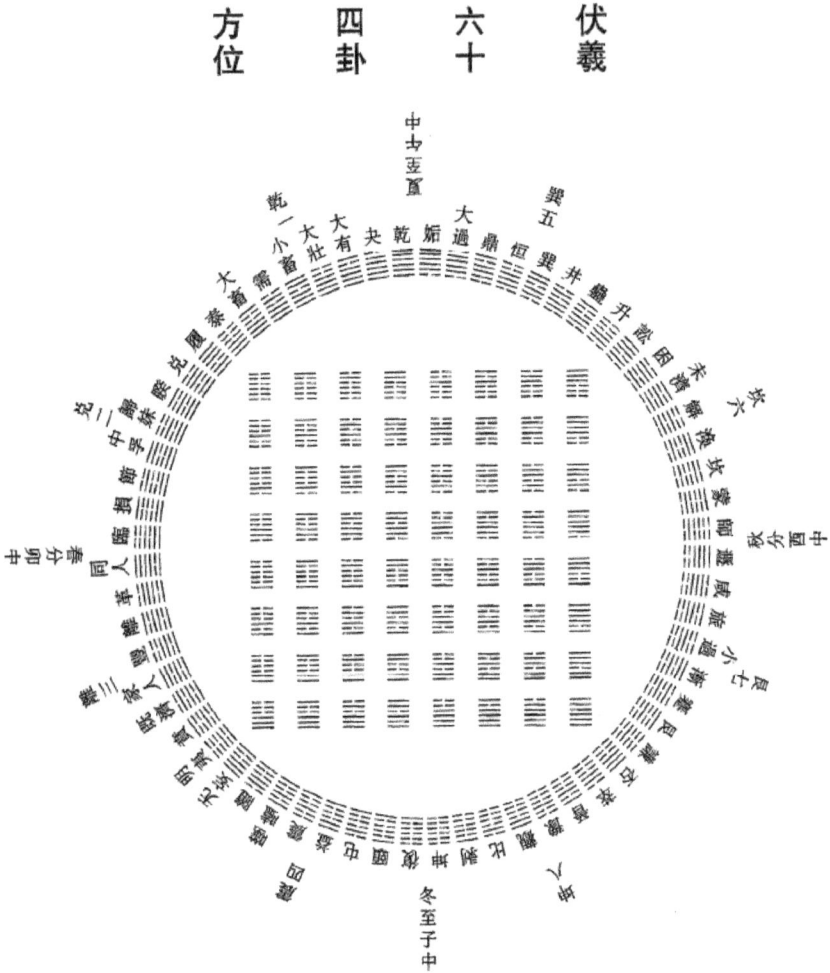

方位　四卦　六十　伏羲

Nótese que esta figura muestra los números binarios escritos desde arriba hacia abajo. Si observamos los hexagramas dibujados en el centro, formando una grilla de 8 x 8 hexagramas, puede verse que el hexagrama inicial, es *Lo Receptivo*, al que le corresponde el número 0, porque tiene 6 líneas *yin*; el siguiente hexagrama es *La Desintegración*, que vale 1, porque su única línea *yang* es la del tope; si continuamos leyendo, de izquierda a derecha y desde arriba hacia abajo, la secuencia numérica binaria continua hasta llegar al hexagrama *Lo Creativo*, que vale 63, en el extremo inferior derecho.

Para una explicación más detallada de la relación entre los hexagramas y el sistema binario puede ver **Matemática Binaria**.

Mawangdui

Otro ordenamiento alternativo se encuentra en los "Textos de Seda de Mawangdui", que fueron descubiertas en el sitio de *Mawangdui* en *Changsha, Hunan*, en 1973. Estos textos incluyen uno de los manuscritos más antiguos del *YiJing* −c. 190 a.C−. Tanto la secuencia de los hexagramas, como algunos de sus nombres son diferentes , aunque el texto de los hexagramas es bastante similar.

La secuencia de los hexagramas en el manuscrito *Mawangdui* −escritos usando sus números tradicionales, no los del manuscrito− es como sigue:

01	12	33	10	06	13	25	44
52	26	23	41	04	22	27	18
29	05	08	39	60	63	03	48
51	34	16	62	54	40	55	32
02	11	15	19	07	36	24	46
58	43	45	31	47	49	17	28
30	14	35	56	38	64	21	50
57	09	20	53	61	59	37	42

Puede notarse que los primeros 32 hexagramas están encabezados por el hexagrama 1. Lo Creativo, que en el manuscrito de Mawangdui se llama "La Clave".

Los segundos 32 hexagramas están encabezados por el hexagrama 2. Lo Receptivo, que en el manuscrito de Mawangduir se llama "El Flujo" y tiene el número 33.

Si dividimos a esta secuencia en ocho filas de hexagramas, como en la tabla superior, pero mostrando las figuras de los hexagramas, no sus números, notaremos que todos los hexagramas en cada fila comparten el mismo trigrama superior. La figura puede verse en la próxima página.

Solo mencionamos el tema de los ordenamientos alternativos para brindarle a lector una idea básica sobre este tema, pero de aquí en más solo consideraremos el ordenamiento tradicional de los 64 hexagramas: aquel conocido como "Secuencia del rey *Wen*".

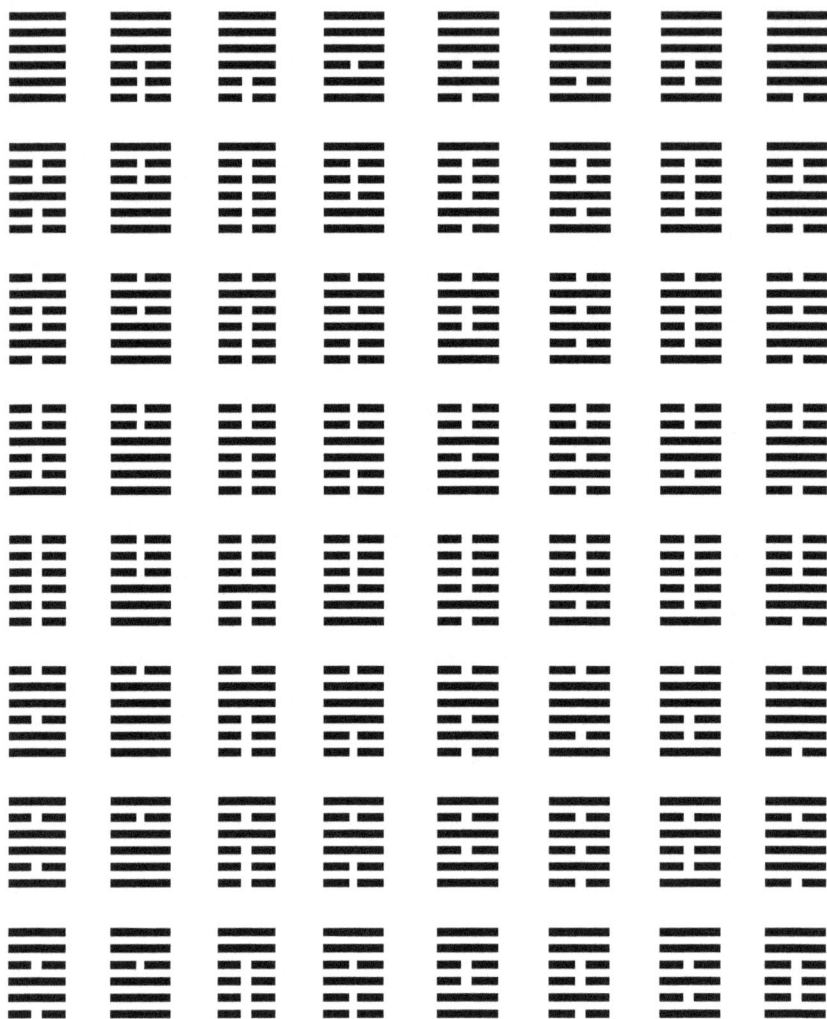

Conexiones entre los hexagramas

Como ya vimos, los hexagramas ordenados siguiendo la secuencia del rey *Wen* forman pares opuestos (1-2, 3-4, etc.), que son obtenidos ya sea girando 360 grados sus figuras (método *FanGua*) o mutando todas sus líneas (método *CuoGua*).

Hay otro método más para obtener el hexagrama opuesto, este consiste en intercambiar los dos trigramas, desplazando hacia arriba el inferior y viceversa, ese método se llama *LiangXiangYi*, que significa "dos imágenes cambian". Esto indica que se intercambian entre sí los dos trigramas. En los hexagramas que se forman con un mismo trigrama repetido dos veces, como 1, 2, 29, 30, 51, 52, 57 y 58, este tipo de transformación no es posible ya que intercambiar los trigramas no alteraría el hexagrama.

Las siguientes imágenes muestran como se conectan entre sí los hexagramas al transformarlos usando los tres métodos ya vistos. Para indicar qué método se usa para obtener cada transformación, indicaremos con figuras sencillas el método utilizado:

- Giro de 180 grados, ↻ *FanGua*: .

- Mutación de las líneas: ☯ *CuoGua*: .

- Intercambio de los trigramas: ⬆⬇ *LiangXiangYi*: .

Al transformar los hexagramas aplicándoles estos tres métodos, veremos que se forman varios grupos de hexagramas que están vinculados entre sí.

En cuatro casos, los hexagramas se agrupan en conjuntos de ocho hexagramas, como podemos ver en los siguientes cuatro gráficos:

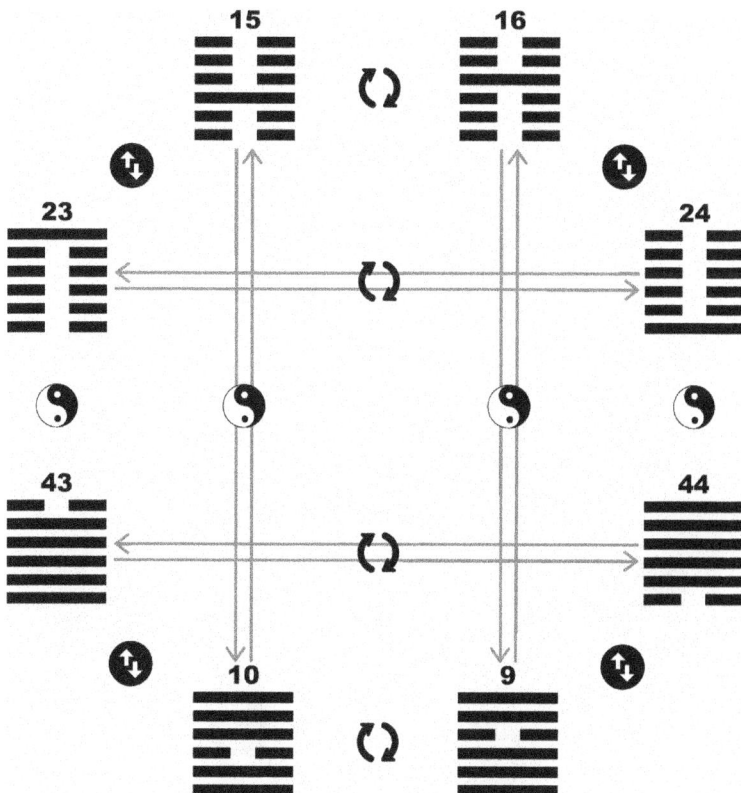

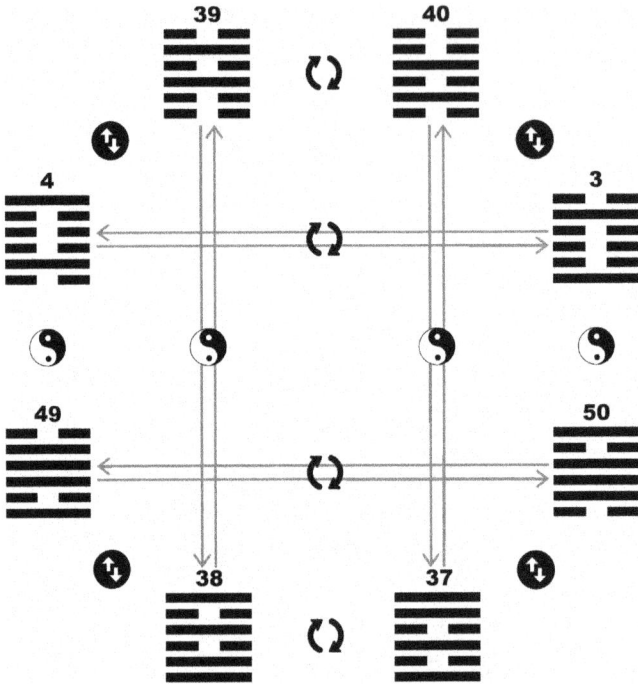

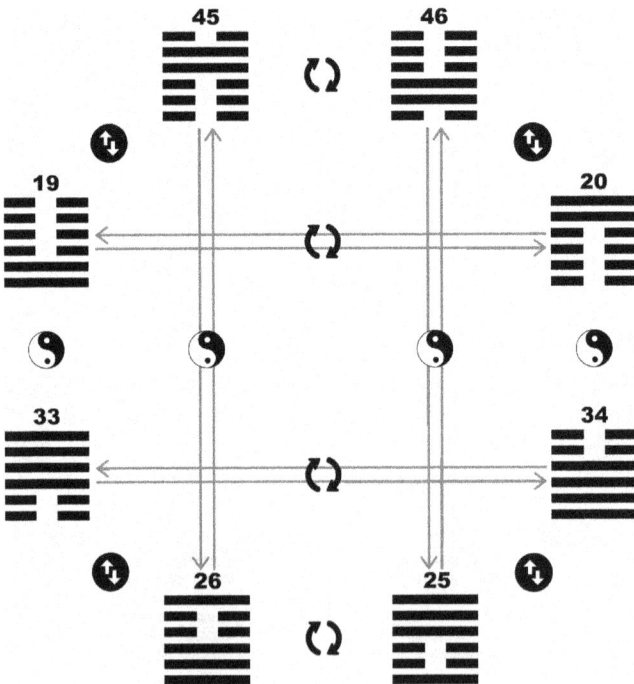

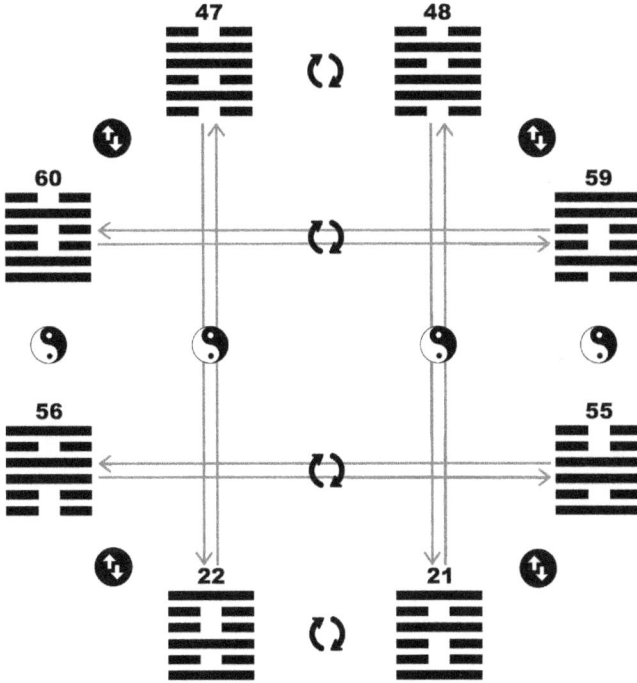

Nótese que en dos de los grupos de ocho hexagramas, prevalece la dupla de trigramas *qián* y *kūn* —el padre y la madre—, en otros dos grupos prevalece la dupla de *lí* y *kan* —la hija y el hijo del medio—. Los trigramas *zhèn* y *xùn* —el hijo y la hija mayores— y *duì* y *gèn* —la hija y el hijo menores— se reparten en la misma proporción —dos por grupo— en todos los grupos de ocho hexagramas.

En seis casos, los hexagramas se agrupan en conjuntos de cuatro hexagramas. En estos casos, algunas de las distintas transformaciones producen el mismo hexagrama, por eso los grupos son más reducidos.

En el grupo situado a la derecha se ve que dos distintas transformaciones —rotación e intercambio de trigramas— producen el mismo hexagrama. Debido a que los trigramas son simétricos, la rotación de 180 grados produce el mismo efecto que el intercambio de los trigramas.

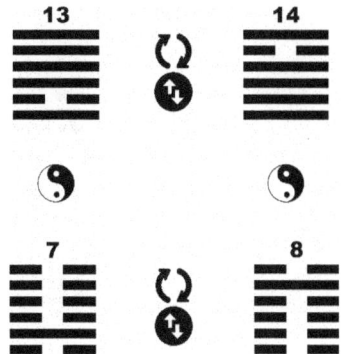

En el próximo grupo solo se pueden aplicar dos transformaciones —mutación e intercambio de trigramas—. Debido a que la forma de los hexagramas es simétrica, rotándolos no produce ninguna transformación.

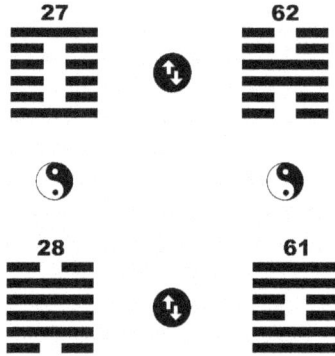

En el siguiente grupo se ve que dos distintas transformaciones —rotación e intercambio de trigramas— producen el mismo hexagrama.

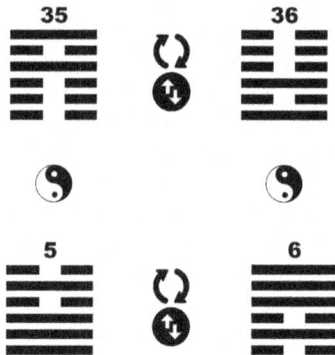

En el siguiente grupo no se puede aplicar el intercambio de trigramas, porque los trigramas están repetidos.

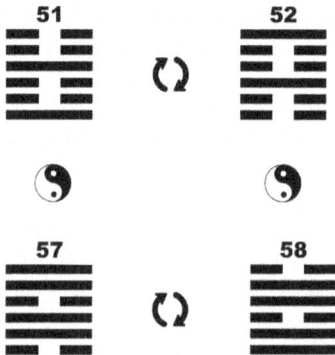

En el grupo que sigue, en dos de los pares opuestos, la mutación de las líneas y la rotación del hexagrama producen el mismo resultado.

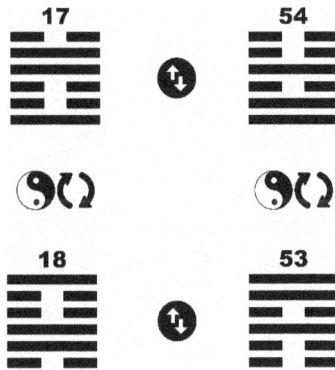

17		**54**	

En el próximo grupo se ve que dos distintas transformaciones −mutación e intercambio de trigramas− producen el mismo hexagrama.

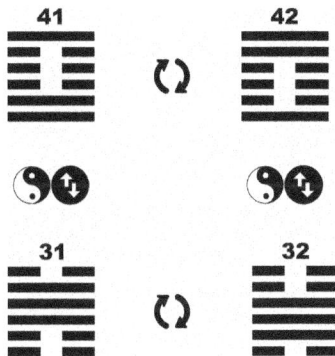

41 **42**

31 **32**

En el caso de los grupos formados por los hexagramas 1 y 2 y 29 y 30, debido a que el mismo trigrama está repetido dos veces y su forma es simétrica, la única operación que se puede aplicar es la mutación de todas sus líneas.

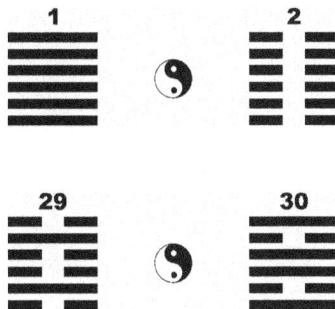

1 **2**

29 **30**

En el caso de los grupos formados por los hexagramas 11 y 12 y 63 y 64, cualquiera de las tres transformaciones producirá el mismo resultado

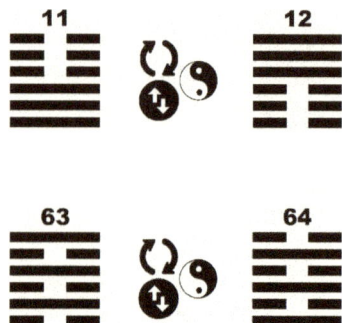

Análisis de las conexiones entre hexagramas

Las relaciones entre los hexagramas conectados mediante transformaciones muestran varios ejes de significado. Por ejemplo, el hexagrama **23**, La Desintegración está conectado con los hexagramas **24**, El Retorno; **15**, La Modestia y **43**, Decisión Tajante, como muestra la siguiente figura:

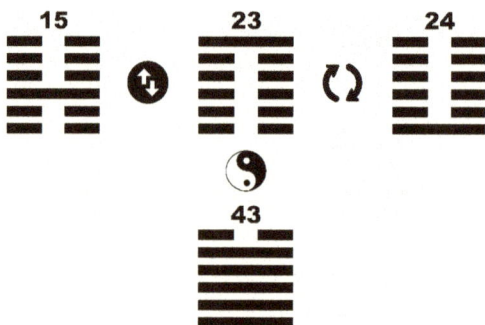

En el hexagrama central, 23, la línea *yang* al tope no puede sostener su posición, está siendo socavada por las líneas *yin*; en el 24, la *fuerza* yang se está re-introduciendo en la situación; por eso son perfectos opuestos, en un caso hay decadencia y en el otro aparecen nuevas posibilidades.

El par 23-43 también muestra una interesante polaridad, en un caso las líneas *yin* oprimen a la única línea *yang*, y en el otro sucede todo lo contrario. Pero sus imágenes son bastante similares.

En el hexagrama 23, La Desintegración:

> La Montaña descansa sobre la Tierra: la imagen de la Desintegración.
> Así los superiores aseguran su posición siendo generosos con
> aquellos que están por debajo de ellos.

Y el 43, Decisión Tajante:

> El Lago se eleva por encima del Cielo:
> la imagen de la Decisión Tajante.
> Así el noble confiere sus bendiciones [favores, riquezas] hacia abajo,
> y evita presumir de su virtud.

En ambos casos la línea al tope se encuentra aislada, pero en el 23, representa a un noble que prosperará cuando pase el tiempo de la desintegración, y en el 43, simboliza a alguien inferior que se quedará solo y caerá en desgracia. También se da una temática común, la de ayudar a los inferiores, es preciso fortalecer el tejido social y redistribuir la riqueza, para mantener la situación estable.

La imagen del hexagrama 15, La Modestia, también muestra que hay que redistribuir las cosas, balanceando los opuestos:

> En medio de la Tierra hay una Montaña: la imagen de la Modestia.
> Así reduce el noble lo que es excesivo e incrementa lo que es escaso.
> Sopesa las cosas y las distribuye en forma pareja.

En las situaciones descriptas por estos tres hexagramas es preciso redistribuir la riqueza para equilibrar la puja entre *yang* y *yin*, o entre distintas facciones. Eso se debe a que en los tres casos hay un desequilibrio extremo entre *yang* y *yin*, se produce algo así como una lucha de clases, por eso hay que ecualizar la situación para que haya paz.

La imagen del hexagrama 24, El Retorno, es bastante diferente:

> El Trueno en medio de la Tierra: la imagen del Retorno.
> Así en el día del solsticio, los antiguos reyes cerraban los pasos
> fronterizos.
> Mercaderes y viajeros no se trasladaban
> y el soberano no visitaba sus dominios.

La diferencia entre este hexagrama y los otros tres es que aquí no hay un conflicto entre superiores e inferiores, pero sí un retorno de la energía, como cuando un convaleciente se recupera.

Las diferencias entre la situación descripta en los diferentes hexagramas también nos enseñan mucho. En el 23, las fuerzas oscuras realizan un trabajo encubierto para socavar las posiciones de los nobles. En el 24, solo hay que fortalecer la voluntad y regresar al curso normal de la existencia. En el 15 hay que balancear la situación, actuando con humildad y ecuanimidad. En el 43 hay que controlar un exceso de poder, para canalizarlo por la senda correcta. La siguiente figura muestra todas esas polaridades en forma gráfica:

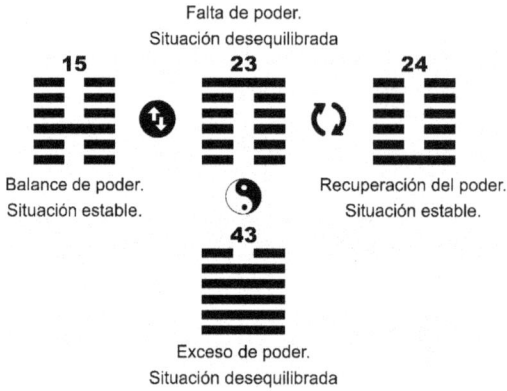

Falta de poder.
Situación desequilibrada

15   **23**   **24**

Balance de poder.   Recuperación del poder.
Situación estable.   Situación estable.

43

Exceso de poder.
Situación desequilibrada

Todos los grupos de hexagramas obtenidos transformando los hexagramas muestran interesantes similitudes y polaridades. Dejamos en manos del lector la exploración de este tema.

Términos y Presagios

Aquí se explica el significado, contexto y utilización de los términos más importantes que aparecen o interesantes que aparecen en el *YiJing*. Solo se incluyen aquellos términos utilizados en el Dictamen, Imagen y los comentarios de las líneas por el Duque de *Zhou*.

Las citas del *YiJing* indican donde aparece el término. Primero se muestra el número del hexagrama, seguido de un punto y el número de línea, el Dictamen se indica con un 0, la Imagen con una X. Ejemplos: (3.2) (50.X)

Las cuatro virtudes cardinales

Una o más de las cuatro virtudes aparece en 50 de los 64 hexagramas, pero sólo los hexagramas 1, 3, 17, 19, 25 y 49 incorporan las cuatro virtudes en su dictamen, formando la frase: *yuán hēng lì zhēn*.

元 *yuán* 亨 *hēng* 利 *lì* 貞 *zhēn*

Desde la dinastía *Han* en adelante las cuatro virtudes se convirtieron en palabras claves del pensamiento confuciano, identificando cuatro cualidades o virtudes aplicables tanto al Cielo como al noble.

YUAN: sublime: literalmente significa cabeza, origen, grande.

HENG: éxito: el significado original fue ofrenda.

LI: propicio: favorable, conveniente, beneficioso, afortunado.

ZHEN: Perseverancia, determinación (con el doble sentido de decisión y acción firme y continuada), constancia, compromiso, lealtad, devoción, prueba. Originalmente define el acto de adivinación, la resolución de las dudas.

Zhen es el carácter más frecuente y uno de los más importantes para entender el significado del *YiJing*.

Cual era el significado exacto de *yuán hēng lì zhēn* para el tiempo de la génesis del **ZhouYi**, es un tema bastante discutido. La frase no aparece en los **huesos oraculares** encontrados a la fecha.

元
yuán: sublime

Literalmente: sublime, el más grande. Fuente, comienzo, oportunidades.

El sacrificio *Yuan* era un sacrificio presentado en primavera, durante el tiempo de la siembra. *Yuan* significa que hay potencial creativo, que se abre un nuevo campo de trabajo o simplemente que aparecen nuevas oportunidades.

Aparece 27 veces, en 6 ocasiones formando la frase *yuán hēng lì zhēn*. Muchas veces aparece como "sublime éxito" o "sublime ventura".

En el hexagramas 3 aparece dentro de la frase *yuán hēng lì zhēn:*

La Dificultad Inicial.
Sublime éxito. Favorable determinación.
No debe tratar de alcanzarse ningún objetivo.
Es favorable nombrar funcionarios. (3.0)

Aquí aparece traducido como "elevada":

Examina tu conducta y considera los signos favorables.
Con el nuevo ciclo comience llegará elevada ventura. (10.6)

Otra variación es sublime determinación o sublime éxito:

Uno tiene una digna posición en la reunión.
Sin defecto.
No hay confianza.
Sublime determinación a largo plazo.
El arrepentimiento desaparece. (45.5)

La Posesión de lo Grande: Sublime éxito. (14.0)

亨
hēng: éxito

Éxito, logro, satisfacción, crecimiento, penetración; ofrenda, sacrificio.

El significado original fue ofrenda. El sacrificio *hēng* era presentado en el verano, cuando la cosecha estaba creciendo. *Hēng* indica un tiempo de crecimiento, de resultados positivos.

Ver también *xiang*: ofrenda, sacrificio.

En total aparece 47 veces, 6 veces incluido en la frase *yuán hēng lì zhēn* −ver *Las Cuatro Virtudes Cardinales*, al comienzo de esta sección−.

Aquí aparece como una de las cuatro virtudes cardinales.

> El Acercamiento. Sublime Exito.
> La determinación es favorable.
> Al octavo mes habrá desventura. (19.0)

Aquí significa ofrenda:

> Fuertes ataduras entre quienes siguen el mismo camino.
> El rey lo ofrenda en la Montaña del Oeste. (17.6)

En este lugar significa éxito:

> Después de la consumación.
> Exito.
> La determinación es favorable para pequeñas cosas.
> Al principio ventura, al final caos. (63.0)

利
lì: favorable

Favorable, propicio, conveniente, beneficioso, afortunado.

En antiguos huesos oraculares, *lì* fue usado como adjetivo, con el significado: "filoso, cortante". Posiblemente su significado evolucionó de esta forma: afilado > incisivo > determinación incisiva > determinación favorable > favorable en general.

En total aparece 119 veces, 6 veces incluido en la frase *yuán hēng lì zhēn* − ver *Las Cuatro Virtudes Cardinales*, al comienzo de esta sección−.

En el dictamen del hexagrama 1, aparece como parte de las cuatro virtudes cardinales:

Sublime éxito. Favorable determinación. (1.0)

En los siguientes ejemplos significa favorable, propicio:

> Dragón en el campo.
> Es favorable ver al gran hombre. (1.2)

Buscando como sobrepasar un obstáculo.
Es favorable mantener la determinación.
Es favorable designar ayudantes. (3.1)

Caballo y carro se separan.
Busca la unión. Avanzar trae ventura.
Todo será propicio y sin defecto. (3.4)

En el siguiente ejemplo aparece con significado desfavorable, porque lleva un "no" por delante:

La Desintegración.
No es favorable ir a ningún lugar. (23.0)

貞
zhēn: perseverancia

Perseverancia, determinación (con el doble sentido de decisión y acción firme y continuada), constancia, compromiso, lealtad, devoción, prueba. Este carácter es el más frecuente y uno de los más importantes para entender el significado del *YiJing*.

En las últimas décadas del siglo XX, el uso de inscripciones oraculares en hueso arrojó nueva luz sobre el significado original de *zhēn*, aportando información que no estaba disponible en la época de Wilhelm.

Zhēn es el término que define el acto de adivinación, la resolución de las dudas.

Cuando el *YiJing* todavía no tenía este nombre, sino que era conocido como *ZhouYi* y sólo incluía el Dictamen y los textos para las líneas −ver **Historia y Evolución**−, este carácter significaba determinar un asunto incierto por adivinación, esta determinación por adivinación, que indicaba cuan propicio podía ser un objetivo externo, se fue gradualmente transformando en una determinación interior, de índole moral, significando la voluntad para mantenerse firme en el curso correcto.

En total aparece 111 veces, 6 veces incluido en la frase *yuán hēng lì zhēn* − ver *Las Cuatro Virtudes Cardinales*, al comienzo de esta sección−.

Resplandor oculto; puede ser determinado.
Si sigues al servicio de un rey no habrán logros,
pero habrá un final. (2.3)

Es favorable una constante determinación [ver 52.1]. (2.7)

Revolución. En tu propio día inspirarás confianza.
Sublime ventura.

La determinación es favorable.
El arrepentimiento se desvanece. (49.0)

El Andariego quema su refugio.
Pierde a su joven sirviente.
La determinación es peligrosa. (56.3)

孚

fu: sinceridad

El significado tradicional es verdad; confiable, sincero; inspirar confianza a otros.

En antiguas inscripciones de bronce y en huesos oraculares de la dinastía *Shang*, podemos ver a *fu* usado principalmente como un verbo con el significado de cautivos, capturar personas u otro botín, al ganar una batalla.

El botín, sumado a la victoria, inspiraba confianza en la habilidad del rey. Ese es el vínculo aparente entre el antiguo significado —captura— y el significado atribuido a *fu* en el *YiJing:* veracidad.

Aparece 43 veces. En 23 casos precedido por *you* —poseer, tener, en posesión de, haber, existir—.

En los tres textos que siguen, fu es precedido por you, formando you fu, lo que significa que uno es sincero. Algunos autores piensan que you fu también significa "bendecir y proteger", lo que significaría que uno recibe la bendición de los espíritus.

La Espera. *Con sinceridad* tendrás esplendor y éxito.
La determinación es favorable.
Es propicio cruzar el gran río. (5.0)

El Conflicto: *eres sincero* pero te frenan.
Detenerse con cautela a mitad de camino trae ventura.
Seguir hasta el final trae desventura.
Es favorable ver al gran hombre.
No es favorable atravesar el gran río. (6.0)

Si *hay sinceridad* la unión será sin defecto.
Lleno de sinceridad como una colmada vasija de barro.
Finalmente, a través de otros, llegará la ventura. (8.1)

En el hexagrama 11.3 indica verdad:

No hay llanura sin cuestas,
ni avance sin retroceso.

Determinación ante las penurias. Sin defecto.
No lamentes esta *verdad*.
Disfruta la felicidad que todavía posees. (11.3)

En las siguientes líneas significa confianza.

Aleteando, revoloteando.
El no usa su riqueza con sus vecinos.
Sin tener que pedir nada tiene su *confianza*. (11.4)

Progresando pero reprimido.
La determinación es favorable.
Sé tolerante ante la falta de *confianza*.
Sin defecto. (35.1)

Toman agua del pozo;
no debe ser cubierto.
Inspira *confianza*.
Sublime ventura. (48.6)

En el hexagrama 38 indica buena fe.

Aislado por oposición
Uno encuentra un gran hombre con el que se puede
asociar de *buena fe*.
Peligro. Sin defecto. (38.4)

悔

hui: arrepentimiento

Arrepentimiento, remordimiento, dolor y pesar por una culpa cometida; problemas, fallas, errores.

La palabra se refiere a una situación objetiva y la reacción interna a la misma.

Esta palabra aparece 34 veces; en algunos casos (19 de ellos) es seguida por *wang*, indicando que los problemas o el arrepentimiento desaparecen.

Dragón arrogante.
Habrá ocasión para arrepentimiento. (1.6)

Aquí está seguida por *wang:*

El arrepentimiento desaparece. (32.2)

En el hexagrama 18.3 significa fallas:

Corrigiendo la corrupción dejada por su padre.
Habrá algunas fallas, pero no gran defecto. (18.3)

En el hexagrama 47.6 aparece dos veces, primero como "lamentaré" y después como "arrepiente":

Acosado por plantas trepadoras.
El está ansioso e inseguro.
Se dice a sí mismo: "si me muevo lo lamentaré";
pero se arrepiente. Marchar trae ventura. (47.6)

En el hexagrama 64.5, no hay arrepentimiento, es decir no se cometen fallas, los resultados son completamente satisfactorios:

La determinación es venturosa.
No hay arrepentimiento.
La gloria del noble es verdadera.
Ventura. (64.5)

Otras palabras comúnmente usadas para indicar problemas son:

lìn: humillación, arrepentimiento, aflicción;

lì: peligro, amenaza;

jiù: falta, defecto, mala suerte, y

xiōng: desventura, infortunio, caer en una trampa. Éste es el pronóstico más desfavorable que puede obtenerse.

吉
jí: ventura

Ventura, buena suerte, buena fortuna, propicio, favorable. Este es el único carácter individual que significa buena suerte en el *YiJing*. Es el opuesto de *xiōng*. Frecuentemente aparece al final de la línea, como un veredicto del resultado de seguir el consejo del oráculo. En algunas pocos casos se agrega el calificativo gran, *dà*, o elevada, *yuán*, antes de la palabra ventura.

Se repite 147 veces y es el segundo carácter más frecuente en el *YiJing*, casi siempre es traducido como ventura.

> Caballo y carro se separan.
> Busca la unión. Avanzar trae ventura.
> Todo será propicio y sin defecto. (3.4)

> El Ejército.
> La determinación es venturosa para un hombre fuerte.
> Sin defecto. (7.0)

> El arrepentimiento se desvanece.
> Hay confianza.
> Cambiar la forma de gobierno trae ventura. (49.4)

|X|
xiōng: desventura

Desventura, malo, mala suerte, gran infortunio, peligro mortal, nefasto, malos augurios, caer en una trampa.

Este carácter es el pronóstico más desfavorable que puede hallarse en *Yi-Jing*. Es el opuesto de *jí*: ventura.

Aparece 58 veces.

> El Ejército debe partir en filas ordenadas.
> Si la disciplina es mala habrá desventura. (7.1)

En el siguiente ejemplo aparece como "ominosa", es un muy mal augurio:

> En el campo hay caza.
> Es favorable capturarlos para interrogarlos.
> Sin defecto.
> El hijo mayor debería conducir el ejército,
> si lo hiciera el menor los carruajes serán usados para llevar cadáveres.
> La determinación es ominosa. (7.5)

Otras palabras comúnmente usadas para indicar problemas son:

lìn: humillación, arrepentimiento, aflicción;

lì: peligro, amenaza;

jiù: falta, defecto, mala suerte y

hui: arrepentimiento, problemas;

咎
jiù: error

Falta, error, defecto, culpa, poco propicio, infortunio, calamidad, mala suerte. Echar la culpa, censurar.

Aparentemente el significado original de *jiù* era desastre, enfermedad o daño, pero luego se le agregó un componente moral, referido a la responsabilidad personal, agregándole el significado de culpa. La palabra falta es muy adecuada, porque sus significados incluye error, culpa y defecto.

Jiù aparece 100 veces, pero en 93 casos, junto a otro carácter, *wú*, formando la dupla: *WúJiù*, que significa "sin falta": De por sí esta dupla no promete éxito −a menos que aparezca la palabra ventura−, simplemente afirma que no se cometerán errores ni habrá infortunios.

En los siguientes tres ejemplos vemos la expresión *WúJiù*, sin falla, o sin defecto. Nótese que solo en 7.2 se promete el éxito:

Bolsa atada.
Sin defecto, ningún elogio. (2.4)

En medio del ejército. Ventura. Ningún defecto.
El rey le confiere tres veces recompensas y promociones. (7.2)

Si eres sincero, desaparece la sangre y
las preocupaciones son echadas de lado.
Sin defecto. (9.4)

Dos veces aparece la expresión *WúDàJiù* −el carácter intermedio *dà*, significa grande−, que significa "no hay falla grande", "no se cometerá una falta grande" (18.3, 44.3):

No hay piel en sus nalgas
y su caminar es vacilante.
Peligro. No habrá gran defecto. (44.3)

Otras palabras comúnmente usadas para indicar problemas son:

lìn: humillación, arrepentimiento, aflicción;

lì: peligro, amenaza;

hui: arrepentimiento, problemas, y

xiōng: desventura, infortunio, caer en una trampa. Éste es el pronóstico más desfavorable que puede obtenerse.

厲
lì: peligro

Peligro, amenaza, opresivo, cruel, malvado, brutal, enfermedad, demonio malevolente; piedra de afilar áspera, afilar, machacar, triturar, disciplina.

Esta palabra aparece 27 veces.

Porte decidido.
La determinación es peligrosa. (10.5)

No hay piel en sus nalgas
y su caminar es vacilante.
Peligro. No habrá gran defecto. (44.3)

El Andariego quema su refugio.
Pierde a su joven sirviente.
La determinación es peligrosa. (56.3)

Se le moja la cabeza(5).
Peligro. (63.6)

Otras palabras comúnmente usadas para indicar problemas son:

lìn: humillación, arrepentimiento, aflicción;

jiù: falta, defecto, mala suerte;

hui: arrepentimiento, problemas, y

xiōng: desventura, infortunio, caer en una trampa. Éste es el pronóstico más desfavorable que puede obtenerse.

吝
lìn: humillación

Arrepentimiento, humillación, vergüenza, angustia, aflicción, sufrimiento; mezquindad, avaricia.

Lìn es una palabra que indica un problema. Su significado abarca tanto una situación externa objetiva como la reacción subjetiva emocional.

Típicamente aparece al final de una línea de texto (en 16 de un total de 20 ocurrencias).

Se moja su cola.
Humillación. (64.1)

Es modificada dos veces por *xiao*, "levemente" (21.3, 45.3).

El muerde a través de carne seca
y encuentra veneno [odio, malevolencia].
Leve humillación. No hay defecto. (21.3)

Ocurre 4 veces después de *lìn*, "perseverancia, determinación" (11.6, 32.3, 35.6, 40.3).

La muralla se desploma de vuelta al foso.
¡No emplees ejércitos!
Proclama tus órdenes sólo en tu propia ciudad.
La determinación trae humillación. (11.6)

Otras palabras comúnmente usadas para indicar problemas son:

lì: peligro, amenaza;

jiù: falta, defecto, mala suerte;

hui: arrepentimiento, problemas, y

xiōng: desventura, infortunio, caer en una trampa. Éste es el pronóstico más desfavorable que puede obtenerse.

亡

wáng: desaparecer

Desaparecer, irse, escapar; morir, perecer, fallar.

Aparece 24 veces, 19 de ellas en la forma usual, precedida por el carácter *hui*, formando la frase "el arrepentimiento desaparece", lo que significa que la situación de distiende y no se cometen fallas:

El arrepentimiento desaparece. (32.2)

Con firme disciplina en La Familia
el arrepentimiento se desvanece. (37.1)

En el hexagrama 11.2, se traduce como "desaparecerán":

Acepta a los incultos,
vadea el río,
no descuides lo lejano.
Así las facciones desaparecerán
y conseguirás honores si te mantienes en el camino del medio. (11.2)

享
xiang: ofrenda sacrificial

Ofrenda sacrificial, consagrar, presentar una ofrenda a un dios o a un superior.

Aparece cuatro veces, traducida como ofrenda:

> Merma con veracidad.
> Sublime ventura. Sin defecto.
> La determinación es satisfactoria.
> Es favorable tener una meta dónde ir.
> ¿Cómo debería hacerse?
> Dos vasijas pueden usarse para la ofrenda. (41.0)

> Alguien lo incrementa.
> Con una concha de tortuga que vale diez tiras de cauris.
> Nadie puede oponerse.
> Una constante determinación trae ventura.
> El rey lo emplea en una ofrenda al Señor Supremo. Ventura. (42.2)

> Acosado entre vino y comida.
> Tan pronto como la cinta roja [la cual, unida a un sello era símbolo de rango]
> llegue será favorable presentar una ofrenda.
> Marchar trae desventura. Sin defecto. (47.2)

> El Viento se mueve por encima del Agua: la imagen de la Disolución.
> Así los antiguos reyes ofrendaban al Señor Supremo y erigían templos. (59.X)

征
zhēng: marchar, emprender algo

Marchar, iniciar una campaña; castigar, disciplinar, rectificar, atacar, invadir, conquistar; partir. También iniciar un emprendimiento, avanzar, incursionar en un nuevo terreno.

Inicialmente, en el **ZhouYi**, el significado de este carácter era atacar, conquistar, castigar. El *ZhouYi* fue escrito para la clase gobernante, que era la que podía iniciar campañas militares de conquista o castigo. Con el tiempo y la introducción de elementos del pensamiento confuciano en el *YiJing*, el sentido de *zhēng* se volvió más amplio para incluir significados como iniciar un emprendimiento, avanzar, comenzar algo nuevo, etc.

Se repite en 19 lugares del *YiJing*.

En el hexagrama 15.6 significa castigar, en este caso castigarse a uno mismo, aplicarse autodisciplina:

> Modestia que se hace patente.
> Es favorable poner en marcha ejércitos,
> para castigar el propio territorio. (15.6)

En el hexagrama 27.2, significa iniciar algo o dirigirse en cierta dirección:

> Busca alimento en la cumbre.
> Se aparta del camino y va hacia la cumbre por nutrición.
> Marchar trae desventura. (27.2)

En el hexagrama 30.6, significa atacar. El significado se obtiene del contexto:

> El rey lo manda a atacar.
> Es meritorio eliminar a los líderes y capturar a los que no son enemigos.
> Sin defecto. (30.6)

En los hexagramas 34 y 46, significa emprender algo, ponerse a trabajar en algún plan.

> Poder en los dedos [del pie].
> Emprender algo trae desventura.
> Esto es la verdad. (34.1)

> La subida tiene elevado éxito.
> Hay que ver al gran hombre.
> No temas.
> Marchar al sur es venturoso. (46.0)

En el hexagrama 53.3, muestra a un hombre que participa en una campaña militar, y supuestamente muere en acción, porque no regresa:

> El ganso avanza gradualmente hasta las tierras altas.
> El hombre inicia una campaña pero no regresa,
> la mujer está embarazada pero no dá a luz.
> Desventura.
> Es favorable defenderse de los bandidos. (53.3)

鼎

ding: el caldero

Caldero, caldero de bronce con tres patas y dos asas. *Ding* simboliza un elemento ritual de transformación.

Recipientes de bronce fueron usados durante las dinastías *Shang* y *Zhou* como objetos sagrados en los rituales ancestrales. Se creía que los antecesores podían interceder por los vivientes si eran honrados y respetados. Había varios tipos de recipientes, pero aquél usado para los sacrificios a los ancestros era *ding*.

Fue también considerado como un símbolo del poder imperial. La leyenda dice que *Yu* el grande había hecho nueve *ding* que simbolizaban los nueve estados de China. Lo nueve calderos se convirtieron en el «Mandato del cielo», indicando la supremacía del poder imperial y la unificación y prosperidad del país. *Yu* el Grande honraba los nueve *ding* como «Tesoros que Protegían el País», y cuando los vasallos venían a la corte, ellos ofrecían culto a los nueve calderos. Desde entonces los nueve *ding* se convirtieron en los más importantes objectos rituales.

Ding aparece repetido ocho veces en el hexagrama 50: El Caldero.

En el texto de la primera línea y también en la Imagen, podemos ver que el caldero es un elemento de transformación. Las referencias a consolidar el destino, corregir la posición, remover los desechos y tomar una concubina para tener un hijo, indican transformación, un cambio radical.

El caldero también es un símbolo de conexión con el sustrato del espíritu y el mundo de los antecesores, dado que los calderos eran rituales y se utilizaban para cocinar los sacrificios a los antecesores. Por eso cuando sus patas se rompen o le faltan las asas, la falta de conexión ocasiona desventura.

> El Fuego arriba de la Madera: la imagen del Caldero.
> Así el noble corrige su posición consolidando así su destino. (50.X)

> El caldero está tumbado patas para arriba.
> Es favorable remover los desechos.
> Uno toma una concubina para tener un hijo.
> Sin defecto. (50.1)

> Las asas del caldero son removidas.
> El avance está impedido.
> La carne gorda del faisán no se come.

Cuando se precipite la lluvia desaparecerá el arrepentimiento.
Finalmente habrá ventura. (50.3)

Las patas del caldero están rotas.
El cocido del príncipe se derrama
y se mancha su figura.
Desventura. (50.4)

El caldero tiene argollas de jade.
Gran ventura.
Nada que no sea favorable. (50.6)

井
jing: el pozo

Pozo de agua.

En la antigüedad regía un antiguo sistema de 8 campos privados alrededor de un campo de uso común, propiedad del señor feudal, donde estaba situado el pozo. Este campo se cultivaba en común y el pozo era usado por todos los habitantes de los 8 campos que rodeaban al campo central. Se puede ver que la forma del carácter chino muestra esa división, en versiones antiguas ese carácter mostraba un punto en el medio, que representaba al pozo.

Bajo ese sistema la tierra se dividía siguiendo el patrón que muestra la próxima figura:

Privado	Privado	Privado
Privado	Público Pozo	Privado
Privado	Privado	Privado

Nuestras raíces no son móviles, no importa donde vayamos, seguiremos teniendo la misma historia y predisposiciones.

En en el dictamen y en varias líneas, se indica que no se puede acceder al agua del pozo o que el pozo está en mal estado:

El Pozo.
La ciudad puede cambiarse, pero no un Pozo.
Sin pérdida ni ganancia.
Yendo a tomar agua del pozo casi seco.

La cuerda no llega hasta el final o se quiebra la jarra.
Desventura. (48.0)

Uno no bebe de un pozo encenagado.
No hay animales [pájaros] en un pozo viejo. (48.1)

En la línea quinta el pozo está en buen estado, el manantial es puro y fresco, pero no se indica si habrá ventura ni se menciona que alguien esté aprovechando el agua.

En el Pozo hay un manantial puro y fresco
del que se puede beber. (48.5)

Recién en la última línea se logra llegar al agua. Hasta entonces no se alcanzó una conexión con las fuentes de la vida.

Toman agua del pozo;
no debe ser cubierto.
Inspira confianza.
Sublime ventura. (48.6)

El Pozo muestra la importancia de mantenernos en contactos con nuestras raíces, no perder la conexión con lo que somos, con nuestra historia y nuestra familia.

利涉大川
lì shè dà chuān: es propicio cruzar el gran río

Carácter	Significado
lì	Favorable, propicio, conveniente.
shè	Vadear o cruzar una corriente de agua, pasar a través o por encima.
dà	Grande.
chuān	Río, corriente de agua, inundación.

En la China antigua, cruzar un río, ya fuera vadeándolo o pasando por encima del mismo cuando este se congelaba, no era una tarea sencilla porque no había puentes. Cruzar un río era peligroso y no era nada confortable; de ahí que la frase "es propicio cruzar el gran río" es una metáfora que indica que este es un buen momento para llevar adelante un emprendimiento de importancia pero que no debe ser tomado a la ligera.

En algunas traducciones "el gran río" es reemplazado por "las grandes aguas".

Lì shè dà chuān aparece en 10 ocasiones, generalmente en el Dictamen. Con variaciones, aparece en 13 lugares distintos

El hexagrama 5 es un ejemplo típico:

> La Espera. Con sinceridad tendrás esplendor y éxito.
> La determinación es favorable.
> Es propicio cruzar el gran río. (5.0)

Puede aparecer en forma negativa, con un no −*bù*− adelante, como en este caso:

> El Conflicto: eres sincero pero te frenan.
> Detenerse con cautela a mitad de camino trae ventura.
> Seguir hasta el final trae desventura.
> Es favorable ver al gran hombre.
> No es favorable atravesar el gran río. (6.0)

En el hexagrama 28 solo se usa parte de la frase, con una variación:

> Se sumerge hasta la coronilla al vadear al río.
> Desventura.
> Sin defecto. (28.6)

利見大人
lì jiàn dà rén: es favorable ver al gran hombre

Carácter	Significado
lì	Favorable, propicio, conveniente.
jiàn	Ver, percibir, observar; revelar, aparecer, encontrado; entrevistar, visitar, encontrarse.
dà	Grande.
rén	Hombre, persona, ser humano, individuo.

El gran hombre es alguien que puede enseñar, ayudar, abrir puertas, actuar como guía o mentor.

En otro nivel, esta frase también indica que es preciso crecer espiritualmente y en entendimiento. Es decir, revelar el gran hombre interior, transformarse en el gran hombre, actuar como un gran hombre.

Aparece siete veces. Estos son algunos ejemplos:

> Dragón en el campo.
> Es favorable ver al gran hombre. (1.2)

El Conflicto: eres sincero pero te frenan.
Detenerse con cautela a mitad de camino trae ventura.
Seguir hasta el final trae desventura.
Es favorable ver al gran hombre.
No es favorable atravesar el gran río. (6.0)

La reunión.
Exito.
El rey se acerca a su templo.
Ver al gran hombre es favorable [y trae] éxito.
La determinación es propicia.
Ofrecer grandes sacrificios trae ventura.
Es favorable tener una meta dónde ir. (45.0)

También aparece con variaciones. En 46.0 dice que "hay" que ver al hombre, pero no incluye la palabra "favorable":

La subida tiene elevado éxito.
Hay que ver al gran hombre.
No temas.
Marchar [iniciar una campaña] al sur es venturoso. (46.0)

Puntos cardinales

En varios hexagramas hay referencias a los distintos puntos cardinales.

En varios casos el *YiJing* aconseja buscar amigos en el sur-oeste, marchar al sur o dirigirse al sur-oeste.

Carácter	PinYin	Significado
西 南	*xī nán*	Literalmente significa oeste-sur, pero en el idioma español ese punto cardinal es escribe sur-oeste.
西	xī	Oeste, el lugar originario de la dinastía **Zhou**.
南	nán	Sur.
東北	*dōng běi*	Literalmente significa este-norte, pero en el idioma español ese punto cardinal es escribe nor-este. Se relaciona con el avance.
東	*dōng*	Este, el lugar donde se encontraba la dinastía **Shang**.

El Sur es la región asociada con el verano, el trabajo en comunidad y el calor. Ir hacia el sur o el sur-oeste significa trabajar como parte de un grupo, bajo la guía de otros. Ir hacia el sur también significa, abandonar un conflicto, el retorno a la normalidad.

En el hexagrama 2, Lo Receptivo, el texto indica claramente que conseguir amigos al sur-oeste significa que uno no persigue sus propios objetivos, sino que sigue la guía de "un señor", lo que puede indicar un jefe, maestro o guía:

> Lo Receptivo.
> Elevado éxito favorable por la determinación de una yegua.
> Si el noble sigue sus propios objetivos se extraviará,
> pero si va en seguimiento obtendrá un señor.
> Es favorable conseguir amigos al sur-oeste,
> apartarse de los amigos al Este y al Norte.
> Una tranquila determinación trae ventura. (2.0)

En la antigua China, el sur se colocaba en la parte superior de los mapas, por eso la cacería en el sur indica que que la presa que se está persiguiendo es alguien situado en una posición elevada. El sur también indica que la cacería es un trabajo que no se realiza en solitario.

> Oscurecimiento de la Luz durante la cacería en el sur.
> Su gran líder es capturado.
> No seas apresurado en tu determinación. (36.3)

En los hexagramas 39 y 40 el sur-oeste simboliza la retirada y el nor-este el avance. Indica que hay volver atrás hasta llegar a un lugar seguro.

> Impedimento.
> Es favorable el sur-oeste [retirada],
> pero no lo es el nor-este [avance].
> Es favorable ver al gran hombre.
> La determinación es venturosa. (39.0)

> Liberación.
> Es favorable el sur-oeste.
> Si no hay a donde ir [cosas que hacer] es venturoso retornar.
> Si hay algo por hacer, apurarse trae ventura. (40.0)

En el hexagrama 46, marchar al sur indica dedicarse a trabajar como parte de un grupo, posiblemente siguiendo las directivas del gran hombre.

> La subida tiene elevado éxito.
> Hay que ver al gran hombre.

No temas.
Marchar al sur es venturoso. (46.0)

En varias partes del *YiJing* se encuentran textos que recuerdan eventos históricos de la dinastía *Zhou*, que provino del oeste. Los *Shang,* que se encontraban el este, eran enemigos de los *Zhou*. La dinastía *Shang* perdió el favor del Cielo debido a sus abusos. Los *Zhou* recibieron el favor del Cielo y por eso pudieron derrocar a la corrupta dinastía *Shang*. Por este motivo, el vecino del este es mal visto en el *YiJing*. En la siguiente línea el vecino del este no es sincero, por eso su importante ofrenda no es tan bien aceptada por la divinidad como la ofrenda más humilde del vecino del este (recordemos que el *YiJing* fue escrito por los *Zhou*).

El vecino del este que sacrifica a un buey
no recibe una bendición tan plena como
como el vecino del oeste
con su pequeña ofrenda. (63.5)

Los Personajes

El *YiJing* nombra a ciertos personajes repetidamente, algunos, como *Jun-Zi*, aparecen numerosas veces (73 repeticiones), otros, como *FeiRen*, aparecen ocasionalmente (2 veces).

Estos personajes están inmersos en un mundo que no nos es familiar, es el mundo de la Edad de Bronce de China.

Este es un mundo de señores feudales, que se inclinan ante un rey supremo, el Hijo del Cielo, *TianZi*. En este mundo no hay puentes, sino que los ríos se vadean o se cruzan en barcas; la caza y la ganadería son más comunes que el cultivo de alimentos; los caballos solo se usan para tirar de los carros, los chinos —aún no se llamaban así— todavía no saben montarlos, solo lo aprenderán más tarde de los nómadas de la estepa.

Es preciso notar que las distintas capas que componen el *YiJing* abarcan unos 1000 años, de modo que los personajes que esta historia reflejan ideas procedentes de distintos estratos culturales.

Las citas del *YiJing* indican donde aparece el término. Primero se muestra el número del hexagrama, seguido de un punto y el número de línea, el Dictamen se indica con un 0, la Imagen con una X. Ejemplos: (3.2) (50.X). Al indicar cuantas veces aparece cada carácter, nos referimos solamente al Dictamen, líneas e Imagen.

君子
JūnZi: Noble

君 *jūn*: Señor, príncipe, gobernante, noble.

子 *zi*: Hijo/a, niño/a; descendencia, prole; posteridad; sufijo.

Estos dos caracteres forman la palabra *JūnZi*, que aparece 73 veces en el libro de los cambios y originalmente significaba "hijo del príncipe", es decir miembro de la clase gobernante, que comprendía a al rey y todos sus vasallos, que eran los señores feudales de la época.

Los príncipes eran la nobleza feudal de los **Zhou** y el término se aplicaba a la aristocracia menor en general. Posteriormente su significado se amplió para incluir estos significados:

- «un hombre de noble carácter»;
- un término honorífico con el que las mujeres se referían a sus esposos.
- finalmente tomó el significado de «hombre superior», de la filosofía confuciana.

En el *YiJing,* la palabra que refleja mejor sus varios significados es palabra noble, que combina los significados de aristocracia y elevados ideales. Traducirlo como hombre superior (como hacen muchas traducciones, especialmente en inglés) es un anacronismo, porque ese significado se originó varios cientos de años después de la composición de los estratos básicos del *YiJing*. Hombre superior no es un significado incorrecto, pero le quita a la palabra parte de su significado original.

Noble incluye tanto el significado material, ser el "hijo de un príncipe", como el espiritual, altos ideales, noble carácter.

Estos son algunos ejemplos de su uso dentro del *YiJing*:

El noble es diligente sin pausa durante todo el día.
A la noche es cauteloso, como si estuviera en peligro.
Sin defecto. (1.3)

Nubes ascienden al cielo: la imagen de La Espera.
Así el noble bebe, come y festeja. (5.X)

Trueno y Viento: la imagen de la Constancia
Así el noble mantiene su posición y no cambia su curso. (32.X)

JūnZi tiene el sentido opuesto a *XiaoRén*: hombre vulgar. En varias líneas el hombre vulgar, o hombre pequeño, aparece mencionado en contraposición con el noble:

El hombre vulgar usa el poder,
el noble no actúa así.
La determinación es peligrosa.
El carnero embiste la cerca y sus cuernos quedan trabados. (34.3)

Contemplando como un muchacho.

No es defecto para un hombre pequeño.

Para el noble es humillante. (20.1)

小人
XiaoRén: Hombre vulgar

小 *Xiao*: Pequeño, común, humilde, mediocre, insignificante, sin importancia.

人 *Rén*: Hombre, persona(s), otro(s), ser humano, individuo.

Tal como el significado de *JūnZi* cambió con el tiempo, el significado de *XiaoRén* también evolucionó. Inicialmente, en la época en que se compusieron las primeras capas del *YiJing* (Dictamen y líneas), *XiaoRén* significaba hombre común.

La sociedad de ese entonces estaba compuesta por los gobernantes y una aristocracia de pequeños señores feudales, pero la mayoría de los hombres eran *XiaoRén*, hombres comunes: campesinos, artesanos, etc.

En algunas odas del **ShiJing**, podemos ver tanto al *JūnZi* como al *XiaoRén* interactuando.

Por ejemplo, la oda 167/5 (traducción de Legge) dice (parcialmente):

駕彼四牡、四牡騤騤
君子所依、小人所腓

Los cuatro corceles están uncidos,

Los cuatro corceles, ansiosos y fuertes;

La confianza del general,

La protección de los hombres.

Vemos que la oda está dividida en cuatro partes, dos partes por línea, la primera línea habla sobre los caballos que tiraban del carro.

La segunda línea comienza con *JūnZi*, traducido por Legge, como general,

La confianza del general,

Sigue con *XiaoRén*, como los hombres, refiriéndose a los soldados comunes de a pie.

La protección de los hombres.

Aquí vemos claramente que el general es un *JūnZi* y los soldados son llamados *XiaoRén*. Esos son los hombres comunes, posiblemente campesinos reclutados para ir a la guerra.

Una traducción alternativa de la misma oda sería: El señor (*JūnZi*) es llevado por ellos (los caballos), y los soldados comunes (*XiaoRén*) lo siguen a pie.

Con el tiempo y gracias a la influencia confuciana, el significado de *XiaoRén* cambió, pasó a usarse para indicar un hombre de bajo nivel moral, egoísta y de cortos alcances, sin indicar su pertenencia a una capa social específica. Es decir que *XiaoRén* pasó a tener un significado moral y personal.

Tomando este significado ampliado, en muchos casos el *YiJing* describe como el *XiaoRén* es humillado y se comporta mal, debido a que no está preparado para manejar las situaciones que afronta. El *XiaoRén* es un hombre simple, que comete muchos errores y busca su propia ventaja a corto plazo, y por eso no está preparado para afrontar situaciones complejas o que requieran abnegación o autocontrol.

En el hexagrama 12.2 se traduce como «vulgares», los que son favorecidos temporalmente por las circunstancias:

> Ellos soportan y toleran.
> Ventura para los vulgares, estancamiento para el gran hombre.
> Exito. (12.2)

Aquí está traducido como «hombres inferiores»:

> Cuanto el Eminente Antepasado atacó la Tierra del Demonio,
> tardó tres años en conquistarla.
> Hombres inferiores no deben utilizarse. (63.3)

Muchas veces se compara al hombre vulgar con el noble. En el hexagrama 49.6 el nombre cambia sincera y completamente —como una pantera—, pero el vulga solo finge:

> El noble cambia como una pantera.
> El vulgar cambia su semblante.
> Marchar trae desventura.
> Mantener la determinación es venturoso. (49.6)

大人
DàRén: Gran hombre

大 *Dà*: Grande, alto, excesivo, arrogante, estirarse y alcanzar por todos lados.

人 *Rén*: Hombre, persona(s), otro(s), ser humano, individuo.

Gran hombre, hombre maduro, importante, noble, con influencia.

No está muy clara la diferencia entre *JūnZi* y *DàRén*, pero todo indica que *DàRén* es un *JūnZi* que alcanzó una posición elevada, puede dar buen consejo y es muy respetado.

Aparece trece veces. Muchas veces aparece como parte de la frase "es favorable ver al gran nombre", que analizamos en **Términos y Presagios**. Estos son algunos ejemplos de lugares donde aparece fuera de esa frase:

Ellos soportan y toleran.
Ventura para los vulgares, estancamiento para el gran hombre.
Exito. (12.2)

Luminosidad duplicada forma Lo Adherente.
Así el gran hombre mantiene su claridad iluminando los cuatro puntos cardinales. (30.X)

幽人
YōuRén: Hombre oscuro

幽 *Yōu*: Oscuro; solitario, aislado, retirado; secreto, difícil de comprender; un prisionero.

人 *Rén*: Hombre, persona(s), otro(s), ser humano, individuo.

Solo aparece dos veces:

Pisando un camino llano y fácil.
La determinación de un hombre oscuro es venturosa. (10.2)

Un tuerto puede ver.
Es favorable la determinación de un hombre solitario. (54.2)

YŏuRén es alguien humilde y solitario, que conoce sus limitaciones y no pide mucho del mundo, no pretende sobresalir ni lograr grandes cosas. En 10.2 es un sabio.

Algunos los traducen como "prisionero".

匪人

FěiRén: Inhumano

匪 *Fěi*: No, fuerte negativa.

人 *Rén*: Hombre, persona(s), otro(s), ser humano, individuo.

El significado de *FěiRén* no está muy claro. Aparentemente así eran llamados los que no eran parte de la estructura social imperante: los bandidos, aquellos fuera de la ley, descastados, parias, los proscritos o marginales; quienes parecían inhumanos porque no seguían las normas usuales o porque provenían de tribus bárbaras.

Solo aparece en dos líneas, traducido como «gente incorrecta» y «hombre inferiores»:

Solidaridad con la gente incorrecta. (8.3)

El Estancamiento.
Hombres inferiores no favorecen la determinación del noble.
Lo grande se va, llega lo pequeño. (12.0)

Aunque llamarlos hombres inferiores es común en muchas traducciones, ese término es confuso, porque son las mismas palabras que se usan para los *XiaoRén*, quizás sería mejor llamarlos bandidos o descastados.

妻

Qī: Esposa

Esposa, compañera, consorte, casarse. Una esposa legal, la primera esposa o esposa principal.

En la China antigua un noble podía tener varias esposas y un gobernante debía tener no menos de tres, todas de la misma familia. Las esposas secundarias se llamaban "hermanas jóvenes", ya que por lo general eran hermanas, normalmente hermanas menores, hermanastras o primas de la novia principal.

Las esposas secundarias estaban subordinadas a la esposa principal, cuyos hijos tenían prioridad sobre los otros niños.

Se remueven los rayos de las ruedas del carruaje.
El hombre y la mujer esquivan mirarse a los ojos. (9.3)

Un sauce seco produce brotes.
Un hombre viejo consigue una mujer joven.
Nada que no sea favorable. (28.2)

Acosado por las piedras.
Se apoya en arbustos espinosos y cardos.
Entra a su casa y no ve a su mujer.
Desventura. (47.3)

妾
Qiè: Concubina, esclava

Concubina (esposa secundaria), sierva, esclava, sirvienta. Los que violaban la ley podían convertirse en esclavos, *Karlgren* nos dice que el significado textual de los componentes de *qiè* nos dice que la mujer es una esclava porque cometió un crimen.

Atado [a otros] en la Retirada.
Aflicción y peligro.
Es favorable hacerse cargo de siervos y criadas. (33.3)

El caldero está tumbado patas para arriba.
Es favorable remover los desechos.
Uno toma una concubina para tener un hijo.
Sin defecto. (50.1)

娣
Dì: Concubina, esposa secundaria

Esposa secundaria, en la familia la esposa secundaria, más joven, estaba bajo la autoridad de la primera esposa; concubina.

La muchacha se casa como una concubina.
Un cojo puede caminar.
Marchar es venturoso. (54.1)

La muchacha es entregada en matrimonio juntamente con esposas secundarias.
Todas son enviadas de vuelta. (54.3)

El emperador *Yi* entrega a su hermana menor en matrimonio.
Las mangas de su vestido no eran tan finas como las de la concubina.
La luna está casi llena. Ventura. (54.5)

臣

Chén: Sirviente, funcionario

Súbdito, sirviente, funcionario, ministro, asistente, vasallo, siervo, esclavo. Este término pude indicar tanto a un funcionario de alto nivel, como un ministro, como un siervo común y corriente.

Atado [a otros] en la Retirada.
Aflicción y peligro.
Es favorable hacerse cargo de siervos y criadas. (33.3)

El ministro del rey encuentra impedimento sobre impedimento.
Pero no son causados por él mismo. (39.2)

No hay disminución pero incremento.
Sin defecto.
La determinación es venturosa.
Es favorable tener una meta adónde ir.
Obtiene sirvientes pero no una familia. (41.6)

Pasa de largo a su antepasado,
pero encuentra a su antepasada.
No llega hasta su príncipe,
pero encuentra al ministro.
Sin defecto. (62.2)

童

Tóng: Niño, muchacho/a

Niño, persona joven (de ambos sexos); alumno, paje, sirviente (niño o niña) de menos de 15 años; joven, virgen, incorrupto/a; animal joven que todavía no tiene cuernos (especialmente ternero o cordero).

La Necedad Juvenil tiene éxito.
No soy yo quien busca al joven necio, el joven necio me busca a mi.
Al primer oráculo le informo,
pero una segunda o una tercera vez es una impertinencia.
Cuando molesta no doy información.
Es favorable la determinación. (4.0)

Necedad infantil trae ventura. (4.5)

Contemplando como un muchacho.
No es defecto para un hombre pequeño.
Para el noble es humillante. (20.1)

En el siguiente ejemplo indica un becerro:

La cobertura protectora de los cuernos del becerro.
Sublime ventura. (26.4)

Tóng también aparece en dos líneas del hexagrama 56, junto al carácter 僕 *Pú*: sirviente, criado, seguidor, empleado, esclavo.

El Andariego llega a una hostería.
Mantiene a buen recaudo sus pertenencias.
Consigue un joven y leal sirviente. (56.2)

El Andariego quema su refugio.
Pierde a su joven sirviente.
La determinación es peligrosa. (56.3)

天
Tiān: Cielo.

Cielo, firmamento, cosmos, celestial, divino; rapar el pelo o tatuar la frente (38.3). Aunque el carácter para Cielo es *tiān*, también *qián* se relaciona con el cielo porque es el carácter del trigrama que simboliza Lo creativo, El cielo.

El concepto del «el Cielo» abarca no sólo el cielo físico, el firmamento estrellado, sino que asimismo implica la providencia celestial. La voluntad celeste que rige los asuntos humanos, el cielo es un espacio sagrado, pero no tiene las connotaciones de una divinidad personal, como el Dios de las religiones de Occidente.

«El Cielo cubre, la Tierra soporta»: tal es la fórmula tradicional que determina los papeles de estos dos principios complementarios, y que define simbólicamente sus posiciones —superior e inferior—, con relación tanto al ser humano como a todos los seres situados entre el cielo y la tierra.

El importante papel de la humanidad es ser un mediador entre esos dos principios. El ser humano no es solamente un animal, pero tampoco es un espíritu, sino que tiene un poco del cielo y otro poco de la tierra dentro sí mismo.

Tiān se combina con otros caracteres para formar algunos importantes conceptos (no incluidos en el *YiJing*, pero sí en la exégesis posterior del mismo):

DìTiān: Cielo y Tierra: la relación dinámica entre los poderes primordiales que genera el mundo natural y humano.

TianMing: el mandato del cielo. Este es un concepto introducido por la dinastía *Zhou*. El cielo permite a los emperadores gobernar, pero sólo si manejan el poder adecuadamente. Si el gobierno entra en decadencia, eso indica que perdió el mandato del cielo.

Las versiones más antiguas de *tiān*, sobre huesos oraculares, muestran la imagen de una persona con una gran cabeza, la que después de convirtió en una línea. El carácter para persona es , agregándole una línea obtenemos . Ese carácter muestra una imagen antropomórfica del poder del Cielo.

Aparece en 26 lugares.

Dragón volando en el cielo. Es favorable ver al gran hombre. (1.5)

La acción del cielo es fuerte y dinámica. Así el noble nunca deja de fortalecerse a sí mismo. (1.X)

Nubes ascienden al cielo: la imagen de La Espera.
Así el noble bebe, come y festeja. (5.X)

Arriba el cielo, abajo el lago: la imagen del Porte.
Así distingue el noble entre alto y bajo
y establece el propósito del pueblo. (10.X)

Cielo y tierra se relacionan estrechamente: la imagen de la paz.
Así el soberano regula y completa el curso [Tao] de Cielo y Tierra,
y asiste a Cielo y Tierra de la forma adecuada;
con lo cual ayuda al pueblo. (11.X)

Alcanza el camino del Cielo.
Exito. (26.6)

El Cielo en medio de la Montaña: la imagen de Gran Acumulación.
De esta forma el noble, interiorizándose con muchas palabras y obras
de la antigüedad
así cultiva su carácter. (26.X)

Un melón envuelto con hojas de sauce.
Resplandor oculto.
Caído desde el Cielo. (44.5)

En el siguiente ejemplo *tiān* significa marcar la frente, como se hacía para marcar a los criminales; esta la única vez que *tiān* se usa con este significado en el *YiJing*.

Ve su carro arrastrado para atrás.
Sus bueyes detenidos y sus hombres marcados y mutilados.
No hay un [buen] comienzo pero sí un [buen] final. (38.3)

天子
TiānZi: Hijo del Cielo

Así se llamaba a los reyes de la dinastía **Zhou**. Este título está justificado por la doctrina del "Mandato del Cielo, que decía que el gobernante posee el mandato para gobernar, otorgado por el Cielo al fundador de su dinastía. Este mandato es condicional y se puede perder si el rey no gobierna bien, en cuyo caso el mandato se traspasa a dinastía que toma el poder. El título también indica una relación especial entre el gobernante y la deidad suprema, representada por el firmamento celestial.

Estos dos caracteres solo aparecen juntos una vez, en el hexagrama 14, tercera línea:

Un príncipe ofrenda sus logros al Hijo del Cielo.
Un hombre pequeño no puede hacerlo. (14.3)

Los ocho trigramas

Cada hexagrama está compuesto por dos trigramas (*Gua*), que son grupos de tres líneas consecutivas, uno de ellos corresponde a las tres líneas inferiores y el otro a las tres líneas superiores. Sólo existen ocho trigramas —en chino *BaGua*, *ba* significa ocho— porque sólo hay ocho formas de combinar líneas partidas y enteras en grupos de tres.

Los nombres de los ocho trigramas se refieren a los elementos naturales: *Qian* (Cielo), *Kun* (Tierra), *Zhen* (Trueno), *Kan* (Agua), *Gen* (Montaña), *Xun* (Viento o Madera), *Li*, (Fuego) y *Dui* (Lago). Los ocho trigramas forman cuadro duplas, que muestran polaridades opuestas, y son indicadas por el trigrama relacionado de cada trigrama.

En cada hexagrama, el texto llamado *La Imagen* explica la conducta oportuna para ese tiempo, basada en los trigramas que forman el hexagrama.

En muchos hexagramas el trigrama inferior (las líneas 1, 2 y 3) se relaciona con el interior, es decir la parte subjetiva de una situación o interna de una organización o familia; en cambio, el trigrama superior (líneas 4, 5 y 6) se relaciona con la realidad exterior objetiva o personajes que enfrentan al mundo exterior en una empresa o familia.

Los movimientos de los trigramas ayudan a explicar el sentido de muchos hexagramas. Por ejemplo si el trigrama inferior desciende y el superior asciende (como en el hexagrama *12, El Estancamiento*), habrá una desconexión entre ambos; de darse lo contrario, es decir el inferior ascendiendo y el superior descendiendo, habrá una relación más dinámica, como se da en los hexagramas *11, La Paz* y *49, La Revolución*.

Muchos otros factores influyen para definir la relación entre los trigramas de los hexagramas, en varios casos la relación está explicada en el texto o los comentarios del hexagrama, en otros casos, captar su interacción queda en manos del lector.

La mayor parte de los significados expuestos a continuación provienen del Ala 8, que es parte de **Las Diez Alas**.

乾
LO CREATIVO / EL CIELO

El Cielo simboliza la fuerza y es el principio de todas las cosas.

Trigrama relacionado	
☷	La madre.

Acción: Gobierna.

Movimiento: Ascendente.

Pronunciación: qián.

Símbolo natural: El Cielo.

Miembro de la familia: El padre.

Parte del cuerpo: La cabeza.

Animales: Un buen caballo, un caballo viejo, un caballo flaco, un caballo salvaje, un caballo pinto.

Estación: Otoño.

Color: Rojo profundo.

Punto cardinal: Nor-oeste.

Defecto: Arrogancia.

Otras asociaciones: Un círculo; un gobernante, un príncipe; fuerza, firmeza; movimiento vigoroso, infatigable labor; un padre; jade; metal; frío; hielo; los frutos de los árboles. Dios combate en *qián.* Significa que lo Oscuro y lo Luminoso se excitan mutuamente.

坤
LO RECEPTIVO / LA TIERRA

☷

La Tierra simboliza la docilidad y nutre a todos los seres.

Trigrama relacionado	
☰	El padre.

Acción: Preserva y nutre.

Movimiento: Descendente.

Pronunciación: kūn.

Símbolo natural: La tierra, entre las tierras es la tierra negra.

Miembro de la familia: La madre.

Parte del cuerpo: El vientre.

Animales: Vaca y ternero, una vaquilla joven, una yegua.

Estación: Verano.

Color: Amarillo.

Punto cardinal: Sur-oeste.

Defecto: Pasividad extrema.

Otras asociaciones: Tela; una marmita; parsimonia; un torno que gira; un carro grande; cosas abigarradas; una multitud, cantidad; una manija y un soporte; frugalidad, ahorratividad; ferviente entrega, devoción, protección, abnegación, magnanimidad, docilidad, ductilidad; el número 10. Dios es servido en *kūn*.

震
LO SUSCITATIVO / EL TRUENO

☳

El Trueno simboliza movimiento y velocidad.

Trigrama relacionado	
☳	La hermana mayor, porque el trueno y el viento no se obstaculizan el uno al otro sino que se excitan entre sí.

Acción: Surgir, pone las cosas en movimiento.

Movimiento: Ascendente, agita todas las cosas.

Pronunciación: zhèn.

Símbolo natural: El trueno, la madera.

Miembro de la familia: El hijo mayor, quien es decidido y vehemente.

Parte del cuerpo: Los pies, porque sirven para el movimiento.

Animales: El dragón; entre los caballos, aquellos que saben relinchar bien, los que tienen patas traseras blancas, los galopadores, los que tienen una estrella sobre la frente.

Estación y hora: Primavera, madrugada.

Color: Amarillo oscuro; azul violáceo y amarillo.

Punto cardinal: Este.

Defecto: Prepotencia.

Otras asociaciones: Desarrollo; una gran carretera; decisión y vehemencia; es bambú verde nuevo, junco y caña (todos estos símbolos indican movimiento y velocidad de crecimiento); entre las hortalizas significa las leguminosas; entre los productos agrícolas sugiere la idea de lo que retorna la vida después de desaparecer (bajo la superficie), de lo que al final se convierte en lo más fuerte y lo que es más lujuriante; florecimiento, expansión, el comienzo de todas las cosas nuevas; adelantarse, adelantar; lo fuerte, lo que prospera en opulencia. Dios se manifiesta al surgir en *zhèn* (Dios se revela en el trueno).

巽
LO SUAVE / EL VIENTO

El Viento simboliza penetración.

Trigrama relacionado	
☴	El hermano mayor, porque el trueno y el viento no se obstaculizan el uno al otro sino que se excitan entre sí.

Acción: Dispersa (las semillas de) las cosas.

Movimiento: Incesante, influye sutilmente en todas las cosas.

Pronunciación: xùn.

Símbolo natural: El viento, la madera.

Miembro de la familia: La hija mayor.

Parte del cuerpo: Los muslos; falta de pelo; frente ancha, mucho blanco en los ojos, ojos torcidos.

Animal: Gallo.

Estación: Primavera.

Color: Blanco.

Punto cardinal: Sur-este.

Defecto: Indecisión.

Otras asociaciones: Leña; una plomada; la escuadra de un carpintero; longitud; elevación, grandiosidad, refinamiento; avance y retroceso, flujo y reflujo, falta de decisión; suspiro, dulzura, suavidad; aireado; penetración; olores intensos; entre las tendencias: vehemencia, persecución celosa de la ganancia; mercaderes; trabajo; empresas; feria; exclamar, proclamar; un ciclo de diez días; finalmente, puede convertirse en el trigrama de la decisión. Dios lleva todo a la plenitud en *xùn*.

坎

LO ABISMAL / EL AGUA

≡≡

El Agua simboliza lo que es escarpado y peligroso.

Trigrama relacionado	
☵	La hermana del medio, con quien no compite.

Acción: Humedece.

Movimiento: Descendente, la caída en el abismo, el agua que cae fluye inexorablemente buscando el nivel más bajo.

Pronunciación: kan.

Símbolo natural: Agua, nubes, río, luna.

Miembro de la familia: El hijo del medio.

Parte del cuerpo: Las orejas.

Animales: Cerdo; zorro; los caballos con hermosos lomos, los briosos, los que dejan caer su cabeza, los de cascos delgados y los de paso desparejo.

Estación: Invierno.

Color: Rojo.

Punto cardinal: Norte.

Defecto: Ansiedad.

Otras asociaciones: Canales y acequias; escurrirse; ocultarse; emboscada; misterio; astucia; bandidos, pleito judicial, ladrones; peligro; esfuerzos; doblar para enderezar o para torcer; un arco; una rueda; referido al hombre, sugiere un aumento de la melancolía, angustia mental, pecados; dolor en los oídos, enfermedad cardíaca, es el trigrama de la sangre; carruajes defectuosos; penetración atravesante; esfuerzo; la luna; los árboles fuertes y sanos en su corazón. Dios hace trabajar afanosamente en *kan*.

離

LO ADHERENTE / EL FUEGO

══
═ ═
══

El Fuego simboliza lo que es luminoso y lo que es adherente.

Trigrama relacionado	
═ ═ ══ ══	El hermano del medio, con quien no compite.

Acción: Calienta y seca.

Movimiento: Ascendente, como el fuego que flamea para arriba.

Pronunciación: lí.

Símbolo natural: El sol, el fuego del rayo.

Miembro de la familia: La hija del medio.

Parte del cuerpo: Los ojos.

Animales: Faisán, vaca, tortuga, cangrejo, mejillón, caracol.

Estación: Verano.

Punto cardinal: Sur.

Defecto: Cólera.

Otras asociaciones: Peto de cuero y yelmo; lanza y espada, armas, objetos dañinos; referido a hombres, los de gran vientre; hornear; es el trigrama de la sequedad; referido a los árboles, sugiere aquellos huecos y podridos por encima; claridad, discernimiento, percepción clara. Dios hace que todo salga y se manifieste en *lí*.

艮

EL AQUIETAMIENTO / LA MONTAÑA

☶

La Montaña simboliza detención.

Trigrama relacionado	
☶	La hija menor, con quien se une e intercambia fuerzas.

Acción: Detiene las cosas.

Movimiento: Estacionario, mantiene las cosas en su lugar.

Pronunciación: gèn.

Símbolo natural: La montaña.

Miembro de la familia: El hijo menor.

Partes del cuerpo: Las manos, los dedos, el dedo anular, la nariz.

Animales: Perro, rata, pájaros con poderoso pico.

Estación: Invierno.

Punto cardinal: Sur-este.

Defecto: Avaricia.

Otras asociaciones: Una montaña, un camino secundario, una puerta; una roca pequeña; los frutos de los árboles y las plantas trepadoras; un portero o un eunuco (guardianes); entre árboles, aquellos que son fuertes, con muchas junturas; retener y sostener, reglas firmes, mantenerse quieto, descanso; fin y comienzo. Dios completa (el trabajo del año) en gèn.

兌

LO SERENO / EL LAGO

☱

El Lago simboliza placer y satisfacción.

Trigrama relacionado	
☱	El hermano menor, con quien se une e intercambia fuerzas.

Acción: Regocija.

Movimiento: Descendente, como el agua de un lago.

Pronunciación: duì.

Símbolos naturales: Lago, pantano, marisma, ciénaga, charca, aguas bajas, tranquilas y profundas. El espejo de agua del lago.

Miembro de la familia: La hija más joven que esparce regocijo y alegría a su alrededor.

Partes del cuerpo: La boca y la lengua. Se relaciona no sólo con los placeres de la mesa pero también con el habla, palabras, órdenes, la risa y los besos.

Animales: Oveja, los dos trazos separados al tope son sus cuernos, la oveja es un animal del oeste (la oveja y la cabra llevan el mismo nombre y tienen las mismas connotaciones en China).

Estación y hora: Mitad del otoño (tiempo de la cosecha); el atardecer.

Punto cardinal: Oeste.

Defecto: Melancolía.

Otras asociaciones: Una hechicera; decadencia y descarte de las cosas (en la cosecha); podredumbre y rotura; remoción de los frutos que cuelgan de las ramas; caer a suelo y estallar (como los frutos de la cosecha); romper, quebrar; metal; defensa, armas; metal; matar; tierra dura y salada; una concubina. La estructura del trigrama indica dureza, tenacidad y obstinación interior, pero por afuera (la línea yin superior) es flexible y dócil. Dios les brinda a las criaturas placer en *duì*. Pero el exceso de placer tiene sus peligros, por eso la dupla placer / destrucción es el eje de significado de este trigrama.

El Bestiario

Encabezamos este bestiario con el dragón, no solo porque es el único animal legendario mencionado en el Libro de los Cambios, sino porque el aparece en primer lugar de todos, en el hexagrama 1: Lo Creativo, como principal protagonista.

En la cultura china los animales se dividen en cinco grupos: los animales con escamas son liderados por el dragón, las criaturas desnudas por el hombre, los animales peludos por el unicornio, las aves emplumadas por el ave fénix y los animales con caparazón por la tortuga.

Tal como hay cinco clases de animales, también hay cinco direcciones que se asocian con ellos: dragón: este; fénix: sur; unicornio: oeste; tortuga: norte y humanos: centro.

El dragón es una de las "Cuatro Criaturas Espirituales" (*ssu-ling*), las otras tres son el unicornio, el fénix y la tortuga.

La serpiente, el ciempiés, el escorpión, la lagartija y el sapo son considerados nocivos.

Las citas del *YiJing* indican donde aparece el término. Primero se muestra el número del hexagrama, seguido de un punto y el número de línea, el Dictamen se indica con un 0, la Imagen con una X. Ejemplos: (3.2) (50.X). Al indicar cuantas veces aparece cada carácter, nos referimos solamente al Dictamen, líneas e Imagen.

龍
Dragón, *lóng*

La bestia más notoria que aparece en el texto del Libro de los Cambios es el dragón.

Este animal mítico es un importante personaje, que a desde la cultura neolítica, aparece una y otra vez en la cultura China.

La figura del dragón se ve por doquiera en la vida cotidiana de los chinos: en desfiles −como el del año nuevo chino−, en festivales −como las regatas de los Botes de Dragón−, diseños, banderines, logotipos, joyería, arquitectura, etc.

También son una parte muy importante del folclore, historias y mitos y en el zodíaco chino.

El dragón chino es un animal legendario con un cuerpo largo, una gran boca y muchos cuernos. Tiene un poder divino sobrenatural. Está relacionado con el cielo y la energía espiritual. Está en su elemento ya sea sumergido bajo el agua o volando por el cielo.

Para poder entender al dragón Chino, es necesario desligarlo por completo de otra famosa figura mítica: el dragón de occidente, que aparece en nuestra cultura desde los tiempos de Grecia y Roma hasta tiempos modernos, e incluso en la Biblia.

En occidente, el dragón es un avaricioso guardián de tesoros, un monstruo cruel, devorador de jóvenes vírgenes. Malvado y diabólico, muchas veces simboliza al diablo, y por eso es una figura decididamente siniestra.

Al contrario, el dragón chino es beneficioso, provoca las luvias, necesarias para los cultivos, es un amigo del hombre, trae buena suerte.

El dragón es un Dios de la Lluvia, Regente de los Ríos, Lagos y Mares. Los tifones son ocasionados por los dragones ascendiendo o descendiendo del mar. Son los maestros de la lluvia, ellos deciden cuando llueve. Cuando el dragón se oculta en las profundidades (de un río, lago o el mar), hay sequía.

Los dragones entran en hibernación al comenzar el otoño —Equinoccio de Otoño—, en el fondo del mar o de profundos lagos. Al comenzar la primavera —Equinoccio de Primavera—, los dragones emergen y ascienden hasta las nubes.

En la clasificación China tradicional, el dragón está situado al tope de la jerarquía de los animales, siguiendo al ser humano

Los dragones siempre han aparecido en las vidas de los más famosos caracteres de la historia China, desde el Emperador Amarillo, hasta Confucio.

Hechos conocidos sobre los dragones

Los dragones cambian sus huesos periódicamente, tal y como las serpientes lo hacen con su piel.

Los huesos —*LóngGu*— y dientes de dragón —*LóngChi*— son muy apreciados. Huesos desenterrados de mamíferos grandes, de mamuts (abundantes bajo la tundra siberiana en el norte de China) o de dinosaurios son considerados huesos de dragón —aunque, en tiempos modernos, muchos saben que no lo son—.

Tanto los huesos como los dientes de dragón se venden en las farmacias chinas. Se consideran adecuados para el tratamiento de convulsiones, insomnio, palpitaciones, irritabilidad, manías o trastornos neuróticos y otras dolencias.

Una red de caminos usados por los dragones —*LóngMei*— cubre la superficie de la tierra. Aquellos que construyen sus casas o entierran sus difuntos sobre uno de estos caminos son muy afortunados.

Se dice que los dragones tienen 3, 4 o uñas en cada garra.

Pueden hacerse invisibles a gusto, también pueden achicarse o agrandarse como les convenga.

Tienen una vista muy aguda.

Pueden viajar bajo el agua o por el cielo, encima de las nubes.

Los dragones tienen cuerpos muy largos, serpentinos, hay reportes de pequeños dragones de 30 m de largo, y otros los describen como bestias inmensas de varios kilómetros de longitud.

Los dragones transformados son peces que se transformaron en dragones al saltar desde las aguas hacia el cielo. Tienen que partir desde una catarata, causada por un torrente en una montaña, conocida como la Puerta de los Dragones. Quizás esta leyenda se base en el hecho de que las carpas plateadas pueden saltar hasta 3 metros en el aire.

El dragón era tan apreciado que los emperadores eran llamados el Dragón Verdadero, y su asiento era el Asiento del Dragón, sus manos las Garras del Dragón, etc.

El dragón chino es sordo, por eso las personas sordas son llamadas «*ěrlóng*», un carácter formado combinando los caracteres para las palabras dragón y oreja.

Hay nueve tipos de dragones. Los dragones tienen nueves hijos, cada uno de ellos con características específicas:

- Nixi (*bìxì*): Es un híbrido de tortuga y dragón. Parece una tortuga, con dientes afilados, suele cargar objetos pesados y aparece a menudo en tumbas y monumentos.
- Qiuniu (*qiúniú*): Es un híbrido de vaca y dragón con aspecto de dragón escamoso amarillo Ama la música y por eso suele adornar instrumentos musicales.
- Yazi (*yázì*): Es un híbrido de lobo y dragón. Tiene panza de serpiente y cabeza de leopardo, es muy agresivo, y debido a ello se usa para decorar las empuñaduras de las armas.
- Chaofeng (*cháofēng*): Es un híbrido de cabra y dragón. Le gusta escalar y es muy aventurero, lo usan para adornar las esquinas de los techos de los palacios.
- Pulao (*púláo*): Es un híbrido de perro y dragón. Tiene un llanto muy fuerte y le gusta aullar. Suele adornar la parte superior de las campanas, que se usa como un asa.
- Chiwen (*chīwěn*): Es un híbrido de pez y dragón, vive en el mar, tiene voz áspera, y le gusta devorar criaturas. Suele aparecer en la parte superior de las puntas de los techos, para que se coma las malas influencias.
- Bi'an (*bì'àn*): Es un híbrido de tigre y dragón. Le gustan las peleas, y por eso suele ponerse sobre las puertas de las cárceles para que haga guardia.

- Suanni (*suānnī*): Es un híbrido de león y dragón. Le gusta sentarse con las piernas cruzadas, oliendo incienso, por eso se lo ve en las bases de las estatuas de Buda, en los quemadores de incienso de los templo budistas y en los asientos.
- Baxia (*bàxià*). Es un híbrido de serpiente y dragón, le gusta beber agua y puede ver en las estructuras de los puentes.

El dragón en el Libro de los Cambios

Aunque la cultura china describe distintas variedades de dragones, en el Libro de los Cambios no se especifica la clasificación del dragón que aparece en las líneas de los hexagramas 1. Lo Creativo y 2. Lo Receptivo. El color de los dragones ha variado de dinastía en dinastía, pero en el Libro de los Cambios, es negro; amarillo es el color del falso dragón.

El dragón en el hexagrama 1: Lo Creativo.

El dragón, es el principal personaje en el tiempo de Lo Creativo.

En este hexagrama el dragón simboliza a una persona de elevadas potencialidades. Se muestra su trayectoria, desde sus orígenes bajo el agua hasta su destino en los cielos.

Las etapas de su desarrollo muestran tanto sus poderes como sus puntos débiles.

El texto de la primera línea dice:

Dragón sumergido. No actúes.

Los lugares propicios para el dragón son sumergido bajo el agua o volando por el cielo, de modo que aquí el dragón está en su elemento, se encuentra seguro, pero su nivel de acción es muy limitado. En este momento el dragón está en su cuna.

La segunda línea muestra al dragón un poco más activo:

Dragón en el campo. Es favorable ver al gran hombre.

Recién está entrando en su campo de acción en la vida, donde comenzará a interaccionar con sus pares y buscar la realización de su destino.

Ver al gran hombre quiere decir que le sería muy beneficioso conseguir un guía o mentor en este momento, pero también indica que tiene que crecer espiritualmente y en entendimiento.

La cuarta línea no menciona al dragón, pero su figura es asumida:

Vacila antes de saltar sobre la profundidad.
Sin defecto.

¿Se lanza a volar o no lo hace?

La quinta línea muestra al dragón en su elemento, volando por el cielo:

Dragón volando en el cielo.
Es favorable ver al gran hombre.

Volar en el cielo indica haber llegado a una posición elevada y la posibilidad de avanzar sin ningún impedimento, habiendo alcanzado su lugar de pertenencia, porque el cielo es el lugar idóneo para los dragones.

El dragón volador simboliza a una personalidad destacada cumpliendo con su destino, alguien con gran influencia que es un ejemplo para los demás.

La sexta línea muestra al dragón excediendo los límites (como suele suceder en la última línea):

Dragón arrogante.
Habrá ocasión para arrepentimiento.

Incluso un dragón tiene límites que no debería sobrepasar.

Finalmente el dragón vuelve a aparecer cuando mutan todas las líneas

Un grupo de dragones sin cabeza.
¡Ventura!

Cada dragón de por sí solo es fuerte, un grupo de dragones es una fuerza poderosa que difícilmente puede ser detenida. El grupo de dragones simboliza a un conjunto de personas capaces y determinadas abocadas a una tarea en común.

Que los dragones no tengan cabeza indica que actúan de acuerdo entre sí, sin que ninguno de ellos se destaque sobre los demás.

Cuando todas líneas mutan, Lo Creativo se convierte en el hexagrama 2: Lo Receptivo. Al combinar la fuerza de Lo Creativo con la devoción se alcanza una posición enteramente buena.

El dragón en el hexagrama 2: Lo Receptivo

El dragón aparece una sola vez en este hexagrama, en la última línea:

Dragones luchan en la pradera.
Su sangre es negra y amarilla.

Esta línea describe un conflicto fraternal entre las fuerzas *yin* y *yang*.

El principio *yin* es el complemento de la fuerza *yang*, pero debería ser sumiso y no tratar de tomar el mando.

Aquí se describe una lucha insensata entre las dos fuerzas, el verdadero dragón *(yang)* y el falso dragón rebelde *(yin)*; pero este conflicto sólo causará calamidades. Negro es el color del cielo y amarillo el color de la tierra, de modos que los distintos colores identifican al verdadero dragón (negro) y al falso (amarillo).

狐
El Zorro, hú

Este animal aparece dos o tres veces en el Libro de los Cambios.

Hexagrama 40: La Liberación, en la segunda línea

> Captura tres zorros en la cacería
> y recibe una flecha amarilla.
> La determinación es venturosa.

Aquí los zorros simbolizan la codicia, la ignorancia y el miedo. Son elementos de corrupción que crean dificultades y perjudican a los demás.

Aunque no se especifica qué tipo de zorros son los capturados, evidentemente indican malas influencias.

En la cultura china, los espíritus de zorro suelen ser hembras y pueden ser peligrosos. Este espíritu-zorro es un espíritu nocturno, que generalmente es dañino aunque también puede brindar buena suerte.

Hexagrama 63: Después de la consumación, alusión en la primer línea

El Dictamen del siguiente hexagrama −que es la imagen especular de éste− habla de un zorro cruzando un arroyo. La cola que se moja en esta línea, es una referencia implícita a la cola del zorro de ese hexagrama, aunque aquí el zorro no se menciona:

> Arrastra sus ruedas y moja su cola.
> Sin defecto.

Arrastrar las ruedas significa contener el avance, evitar correr ciegamente hacia adelante. Aunque mojó su cola, se salvó de cosas peores, este zorro fue bastante prudente.

Hexagrama 64: Antes de la Consumación, en el Dictamen

> Antes de la Consumación.
> Éxito.
> Al pequeño zorro se le moja la cola cuando está terminando de
> vadear el río.
> Nada que sea favorable.

Aquí el zorro indica una actitud aventurada e imprudente.

El ver a un zorro mojarse la cola al cruzar un río congelado —porque el hielo no está firme— es una indicación clara de que no hay que cruzar el río.

Posiblemente el cruce de ríos por animales fuera tomado como un auspicio, es decir una señal que indica si es o no propicio hacer algo.

馬
El Caballo, *ma* / Yegua, *pìnma*

Este animal aparece 11 veces en el Libro de los Cambios, pero solo una vez es descripto como una yegua, en el hexagrama 2.

En varias ocasiones —como en los hexagramas 3 y 38— la mención de los caballos indica deslealtad, pérdida de fuerza, como cuando el caballo se escapa o abandona a su dueño.

El caballo separado del carro también indica cuan difícil es organizar esfuerzos cooperativos entre distintas personas.

El carro parado simboliza un proyecto que no puede avanzar por falta de unión.

En otros casos los caballos simbolizan todo lo contrario, como cuando varios caballos corren juntos, indicando energía y capacidad para avanzar hacia adelante, poder, resistencia.

En la época descripta por el Libro de los Cambios —la Edad de Bronce china—, los caballos solo se usaban para arrastrar carros y carruajes, los chinos no sabían montar caballos; el arte de la equitación solo lo aprendieron más tarde de los pueblos pastoriles nómadas del su frontera occidental.

El Libro de los Cambios habla de los carruajes que arrastraban los caballos en varios lugares, pero generalmente el carácter usado para carruaje, no indica si era un carro de guerra o un carromato utilizado para otros menesteres.

Los carruajes podían ser arrastrados por dos o cuatro caballos, que debían de correr sincronizados para poder ser efectivos, por ese motivo el caballo también es un símbolo de lealtad, trabajo en equipo.

Hexagrama 2: Lo Receptivo, en el Dictamen

Lo Receptivo.
Elevado éxito favorable por la determinación de una yegua.
Si el noble sigue sus propios objetivos se extraviará,
pero si va en seguimiento obtendrá un señor.

Es favorable conseguir amigos al Oeste y al Sur,
apartarse de los amigos al Este y al Norte.
Una tranquila determinación trae ventura. (2.0)

Una yegua es fuerte pero también es dócil. La determinación de una yegua quiere decir que es favorable perseverar, pero siguiendo la guía de otra persona.

Hexagrama 3: La Dificultad Inicial, en tres de sus líneas

Dificultades impiden el avance.
Caballo y carro se separan.
No es un bandido, sino un pretendiente.
La doncella tiene determinación, no se promete.
Después de diez años se promete. (3.2)

Caballo y carro se separan.
Busca la unión. Avanzar trae ventura.
Todo será propicio y sin defecto. (3.4)

Caballo y carro se separan.
Lágrimas de sangre se derraman. (3.6)

Hexagrama 22

Elegancia de blanco.
Un caballo blanco con alas [plumas].
No es un bandido, sino un pretendiente. (22.4)

Esta línea es un poco oscura, aunque bien podría ser una referencia a una novia secuestrada por su pretendiente. Las alas o plumas pueden indicar velocidad y el blanco motivos puros.

El matrimonio por secuestro a veces era un medio para evitar pagar el precio de una novia. En otros casos, podía ser un acto colusorio entre los padres de la novia y el novio para eludir el consentimiento de la novia.

Hexagrama 26

Buenos caballos que corren uno tras otro.
Es propicio tener presente las dificultades y ser perseverante.
Practica el manejo del carro y la defensa armada diariamente.
Es favorable tener una meta. (26.3)

Aquí el poder y el trabajo en equipo de los caballos logra superar todos los obstáculos. El carro es obviamente un carro de guerra, y la dupla carro-caballos es un poderoso medio ofensivo-defensivo.

Hexagrama 35

Progreso. El marqués de *Kang* es honrado con gran cantidad de caballos.
En el mismo día es recibido [en audiencia por el soberano] tres veces. (35.0)

Los caballos indican progreso y reconocimiento de las autoridades.

Hexagrama 36

El Oscurecimiento de la Luz lo hiere en el muslo izquierdo, pero es salvado por un poderoso caballo.
Ventura. (36.2)

Aquí el caballo simboliza poder para avanzar, lealtad.

Hexagrama 38

El arrepentimiento se desvanece.
No persigas al caballo que se escapó, él retornará por sí mismo.
Encontrarás mala gente, pero no cometerás errores. (38.1)

En este caso el caballo perdido representa un malentendido entre dos personas, que se superará con el paso del tiempo.

Hexagrama 59

Usa la fuerza de un caballo para liberarlo.
Ventura. (59.1)

Tal como en el hexagrama 36.2, el caballo simboliza poder para avanzar, lealtad.

Hexagrama 61

La luna está casi llena.
El caballo abandona a su compañero .
Sin defecto. (61.4)

La luna llena indica el final de un ciclo, el caballo que se va indica llegó el momento de separarse y tomar distintos caminos.

虎
El Tigre, *hu*

El tigre es un emblema de bravura y crueldad: fuerte, salvaje, vigoroso; *yang* extremo, el principio masculino en la naturaleza; también se asocia con el otoño, cuando baja de las montañas a las aldeas.

Para la cultura china tradicional el tigre, junto con el dragón, el ave fénix y la tortuga son los cuatro animales más inteligentes.

Aparece cinco veces, en tres hexagramas distintos.

Hexagrama 10

El tema de este hexagrama es pisarle la cola al tigre, es decir provocarlo un poco, pero sin malicia.

Como sería de esperarse, esta actitud irreverente es un tanto peligrosa, dadas las características del tigre, pero en este hexagrama, de ser bien llevado, pisarle la cola al tigre puede conducir al éxito.

> Pisando la cola del tigre.
> Este no muerde al hombre. Éxito. (10.0)

> Un tuerto puede ver, un tullido puede pisar.
> Pisa la cola del tigre y este muerde al hombre. Desventura.
> Un guerrero actúa como si fuera un gran príncipe. (10.3)

> Pisa la cola del tigre con suma cautela.
> Al final habrá ventura. (10.4)

En las tres distintas líneas el tigre representa la dupla peligro/oportunidad. Correr algunos riesgos puede ser provechoso, pero también puede ocasionar una desgracia.

Hexagramas 27 y 49

> Busca alimento en la cumbre.
> Mirando fijamente como un tigre,
> con avidez e insaciable deseo de persecución.
> Sin defecto. (27.4)

> El gran hombre cambia como un tigre.
> Aún antes de preguntarle al oráculo tiene confianza. (49.5)

En estos dos casos el tigre es un modelo a seguir. Actuando con decisión y bravura, como un tigre, puede llegarse al éxito. El tigre también indica certidumbre y veracidad, como en la línea 49.5.

豹
Leopardo o pantera, *bào*

Simboliza bravura, ferocidad marcial.

Sólo aparece en el hexagrama 49.6, junto a otro carácter:

> El noble cambia como un leopardo.
> El vulgar cambia su semblante.
> Marchar [iniciar una campaña] trae desventura.
> Mantener la determinación es venturoso. (49.6)

En esta línea vemos el carácter del leopardo −*bào*−, junto a *biàn*.

Bào biàn indica la versatilidad del leopardo: prosperar desde los harapos hasta la riqueza. Es decir que es un cambio que trae riqueza.

Note la similitud con el texto de la línea 49.5 donde cambiar como un tigre es provechoso. En esa línea también aparece el carácter *bào*, pero junto a tigre −*hu*−, no leopardo.

Cambiar como un tigre o como un leopardo, indica un cambio real y sincero, sin fingimientos.

牛
Vaca / Buey, *niú*

Aparece en 8 hexagramas.

Note que el carácter *niú* significa bovino. Según el contexto, es traducido como buey, vaca, o bovino cuando no se puede determinar su sexo.

Hexagrama 25, línea 3

> Desastre inesperado.
> La vaca amarrada por alguien,
> es la ganancia del caminante
> y el infortunio del aldeano.

Hexagrama 26, línea 4

> La cobertura protectora de los cuernos del becerro. Sublime ventura.

Prevenir el peligro y controlar al becerro, antes que se convierta en un buey es provechoso. Aquí el becerro es una fuerza, que de dejarse incontrolada traería problemas y peligros.

Hexagrama 30, el Dictamen

Lo Adherente.

La determinación es favorable.

Domesticar una vaca trae ventura.

Hexagrama 33, línea 2

Aferrado con un cuero de buey amarillo

que nadie puede remover.

Hexagrama 38, línea 3

Ve su carro arrastrado para atrás.

Sus bueyes detenidos y sus hombres marcados y mutilados.

No hay un [buen] comienzo pero sí un [buen] final.

Hexagrama 49, línea 1

Atado con el cuero de un bovino amarillo.

Hexagrama 56, línea 6

El pájaro quema su nido.

El Andariego primero ríe pero después llora y se lamenta.

Pierde su vaca en *Yi*.

Desventura.

Hexagrama 63, línea 5

El vecino del este que sacrifica a un buey

no recibe una bendición tan plena como

como el vecino del oeste

con su pequeña ofrenda.

La domesticación de la vaca indica que hay que hacer concesiones y ser humilde; ser amarrado con el cuero de un bovino nos muestra que no se puede avanzar, que uno está detenido, lo mismo pasa cuando los bueyes son detenidos, pero en ese caso la detención es más violenta.

羊

Cabra / Oveja, *yáng*

Oveja, cabra, carnero. Este carácter aparece, en 5 lugares, pero en dos de ellos tiene otro significado ligeramente distinto debido al carácter que lo acompaña −*dĭ*−. En los siguientes tres lugares, aparece por sí mismo:

Hexagrama 43, línea 4

No hay piel en sus nalgas.
Vacilante al andar y guiando una oveja.
El arrepentimiento desaparece.
El escucha lo que dicen pero no lo cree.

Hexagrama 54, línea 6

La mujer presenta un cesto, pero éste no contiene frutos.
El hombre acuchilla una oveja pero ésta no sangra.
Nada que sea favorable.

Hexagrama 34, línea 5

Pierde el carnero en *Yi.*
No hay arrepentimiento.

羝羊

Carnero, macho cabrío ya crecido, *dī yáng*

Hexagrama 34, línea 3

El hombre vulgar usa el poder,
el noble no actúa así.
La determinación es peligrosa.
El carnero embiste la cerca y sus cuernos quedan trabados.

Hexagrama 34, línea 6

El carnero embiste la cerca.
No puede retirarse ni puede ir para adelante.
Nada es favorable.
Si uno puede soportar las dificultades habrá ventura.

莧
Cabra montañesa / Antílope, *xiàn*

El carácter *xiàn*, tomado literalmente, significa un tipo de planta, *Amarantus*, espinaca. Pero muchos estudiosos piensan que pudo haber un error en la copia del carácter y debería ser reemplazado por otro carácter, muy similar, que significa antílope o cabra montañesa:

Hexagrama 43, línea 5

Una cabra montañesa pasa a través y avanza por el medio del camino. Sin defecto.

莧 鼠
Hámster / Ardilla / Roedor, *shí shu*

Hexagrama 35, línea 4

Progresando como una ardilla.
La determinación es peligrosa.

La palabra traducida como "ardilla" indica un roedor de algún tipo. Dichos animales son vistos como una plaga en China, porque destruyen los cultivos. La ardilla simboliza un comportamiento deshonesto y agresivamente codicioso.

El sentido de este tiempo es progresar junto con otras personas, no monopolizar todos los bienes para uno mismo.

豕
Cerdo, *shi*

Cerdo, verraco, jabalí. Símbolo de riqueza y suerte.
Shi no es una palabra común en el Chino moderno.
Aparece 3 veces.

Hexagrama 26, línea 5

Los colmillos de un cerdo castrado.
Ventura.

Hexagrama 38, línea 6

Aislado por oposición
El ve [al otro como] un cerdo cubierto de barro,
un carro lleno de demonios.
Primero tensa su arco, pero después lo pone a un lado.
No es un bandido sino un pretendiente matrimonial.
Al avanzar uno encuentra lluvia y entonces llega la ventura.

Hexagrama 44, línea 1

Átalo a un freno de metal.
La determinación es venturosa.
Si sigue su curso habrá desventura.
Si a un cerdo flaco se le da confianza vacilará para uno y otro lado.

豚

Cerdo, *tún*

Puede que sea un pequeño cerdo que todavía es amamantado, pero el significado exacto de *tún* no está claro, *Rutt* piensa que posiblemente significa un cerdo plenamente desarrollado y no un chanchito, *Shuowen* da como significado carne de cerdo.

Hexagrama 61, el Dictamen

La Verdad Interior.
Cerdos y peces. Ventura.
Es favorable cruzar el gran río.
La determinación es favorable.

龜

Tortuga, *guī*

La tortuga es un símbolo de longevidad y buena suerte. Las tortugas eran consideradas animales sagrados, debido a sus largas vidas. Se creía que tenían un poder especial para contactar a otros en el mundo espiritual, especialmente los antepasados.

La tortuga es una de las "Cuatro Criaturas Espirituales" (*ssu-ling*), las otras tres son el unicornio, el fénix y el dragón.

Durante las dinastías *Shang* y *Zhou*, las escápulas de bueyes y plastrones de tortugas fueron usados para consultas oraculares, aunque con el tiempo, ese método fue reemplazado por el uso de los palillos de milenrama. **Huesos Oraculares** tiene más detalles sobre los distintos métodos adivinatorios.

Hexagrama 27, línea 1

Dejas irse a tu tortuga mágica
y me miras con tu mandíbula colgando.
Desventura.

Hexagrama 41, línea 5

Alguien lo incrementa.
Con una concha de tortuga que vale diez tiras de cauris [conchas usadas como monedas].
Nadie puede oponerse.
Sublime ventura.

Hexagrama 42, línea 2

Alguien lo incrementa.
Con una concha de tortuga que vale diez tiras de cauris.
Nadie puede oponerse.
Una constante determinación trae ventura.
El rey lo emplea en una ofrenda al Señor Supremo. Ventura.

鮒

Pez, *fù*

Un pez de agua dulce; podría ser una carpa plateada (pez teleósteo fisóstomo), o perca.

Hexagrama 48, línea 2

Por el agujero del Pozo uno dispara a los peces.
La jarra está rota y pierde.

Un Pozo no es el lugar adecuado para pescar con arco y flecha. Se usaban flechas que arrastraban una cuerda, para así poder recuperar la presa.

En todo caso el mensaje es claro: no se pueden alcanzar los contenidos del pozo. Aquí el pez es un símbolo de los contenidos del inconsciente.

魚
Pez, *yú*

Pez. Es el símbolo de la abundancia debido a que su pronunciación es la misma que el carácter , cuyo significado es *abundancia, riqueza.*

Hexagrama 23, línea 5

Peces ensartados.
Favores de la gente [harén] de la corte.
Nada que no sea favorable.

Hexagrama 44, línea 2

Hay un pescado en el paquete [¿la cocina?].
No hay defecto.
No es favorable para huéspedes.

Hexagrama 44, línea 4

No hay ningún pescado en el paquete [¿la cocina?].
Esto causa desventura

El pescado en el paquete también puede indicar un embarazo.

Hexagrama 61, el Dictamen

La Verdad Interior.
Cerdos y peces. Ventura.
Es favorable cruzar el gran río.
La determinación es favorable.

Los cerdos y los peces son criaturas inferiores, si la Verdad Interior es tan fuerte como para influenciarlos eso indica ventura.

雉
Faisán

Es un ave asociada con el trigrama *Li*, lo adherente, el fuego

Aparece con dos variaciones. La primera es *zhì* y aparece dos veces.

Hexagrama 50, línea 3

Las asas del caldero son removidas.
El avance está impedido.

La carne gorda del faisán no se come.
Cuando se precipite la lluvia desaparecerá el arrepentimiento.
Finalmente habrá ventura.

Hexagrama 56, línea 5

Le dispara a un faisán.
Aunque la primera flecha falla
finalmente es alabado y le dan empleo.

翰

El segundo carácter relacionado con el faisán, *hàn* (quizás sea el faisán dorado) solo aparece una vez.

Hexagrama 61, línea 6

El clamor del faisán sube hasta el cielo.
La determinación es ominosa.

Algunos cuentos muestran al faisán como un ave de mal agüero. Indudablemente el grito del faisán es un mal augurio en esta línea. Compare con la segunda línea, donde la grulla llama y su polluelo le responde; allí el grito de la grulla indica sinceridad y camaradería, pero en la sexta línea el grito del faisán simboliza la mentira y la vanidad y es un mal augurio.

鴻

Ganso salvaje, cisne salvaje, *hóng*

Sólo aparece en el hexagrama 53, Avance Gradual, como protagonista, repetido en todas las líneas.

El ganso salvaje es un símbolo de fidelidad conyugal debido a la creencia en que si su primer pareja muere, no vuelve a aparearse.

Hexagrama 53

El ganso avanza gradualmente hasta orilla del río.
El niño está en peligro y se hablará en su contra.
Sin defecto. (53.1)

El ganso avanza gradualmente hacia la roca.
Comer y beber con júbilo.
Ventura. (53.2)

El ganso avanza gradualmente hasta las tierras altas.
El hombre marcha [inicia una campaña] pero no regresa,
la mujer está embarazada pero no da a luz.
Desventura.
Es favorable defenderse de los bandidos. (53.3)

El ganso avanza gradualmente hacia el bosque.
Si consigue una rama chata [donde posarse] no habrá defecto. (53.4)

El ganso avanza gradualmente hacia la colina.
La mujer no concibe por tres años.
Finalmente nada puede detenerla.
Ventura. (53.5)

El ganso avanza gradualmente hacia el altiplano.
Sus plumas pueden usarse para practicar los ritos.
Ventura. (53.6)

La secuencia del ganso avanzando de línea en línea, nos recuerda al dragón del hexagrama 1, que avanza desde la profundidad acuosa hasta el cielo.

鳥

Pájaro, *niao*

Generalmente el pájaro simboliza el peligro de volar demasiado alto, de traspasar los límites seguros y así buscar la desgracia.

Hexagrama 56, línea 6

El pájaro quema su nido.
El Andariego primero ríe pero después llora y se lamenta.
Pierde su vaca en *Yi*.
Desventura.

El pájaro volador −*fei niao*− aparece tres veces en el hexagrama 62.

Hexagrama 62, el Dictamen

La Preponderancia de lo Pequeño.
Exito. La determinación es favorable.
Pueden hacerse cosas pequeñas, no grandes [cosas].
El pájaro volador deja el mensaje:
No es bueno ascender.

Es bueno descender.
Gran ventura.

Aquí el pájaro volador es un presagio, que indica que no hay que ser muy ambicioso.

Hexagrama 62, línea 1

El pájaro que vuela tendrá desventura.

El que vuela demasiado alto tiene desventura.

Hexagrama 62, línea 6

Pasa sin encontrarlo.
El ave voladora lo abandona.
Desventura.
Este grave error significa desastre.

Que el pájaro volador lo abandone es un mal augurio. Posiblemente la sexta línea indica que el personaje perdió contacto con la realidad, no pudo captar los presagios, ni eludir la desventura.

鶴

Grulla, *hè*

Este pájaro es el más favorecido de todos los pájaros chinos. Es el príncipe de todas las aves. La grulla tiene una vida muy larga, por eso es un emblema de longevidad y también de sabiduría y nobleza.

En muchas leyendas se muestra a los espíritus cabalgando sobre grullas, y también se dice que las grullas llevan las almas de los difuntos a los cielos.

Cuando una grulla se ve entre las nubes indica longevidad, elegancia y nobleza, cuando aparece entre pinos indica determinación, riqueza y poder. Cuando dos grullas se muestran juntas es un poderoso símbolo de longevidad. Dos grullas volando hacia el sol representan ambición.

En las procesiones funerales se suele incluir la figura de una grulla para representar la ascensión del alma a los cielos, llevada por una grulla.

Hexagrama 61, línea 2

Una grulla llamando desde la sombra.
Su polluelo le responde.

"Tengo una buena copa".

"La compartiré contigo".

Aquí la grulla indica a alguien que comparte las cosas buenas de la vida con sus compañeros.

隼

Halcón, ave de presa, *sun*

Hexagrama 40, línea 6

El príncipe dispara sobre un halcón que está sobre una elevada muralla
y lo abate.
Nada que no sea favorable.

El halcón simboliza un elemento maligno ocupando una posición alta, representa el último obstáculo en el camino de la liberación.

Disparar y acertar con una flecha simboliza el uso de los medios adecuados para acabar con lo que obstaculiza el progreso.

豫

Elephant, *yù*

Este es el nombre que algunos le dan al hexagrama 16: El Entusiasmo. **ShuoWen** dice que uno de los significados de este carácter es «elefante», pero no hay ningún texto temprano en el cual esta palabra signifique eso.

De modo que −aunque lo mencionamos−, no consideramos al elefante como uno de los animales del Libro de los Cambios.

Conexiones con el pensamiento moderno

Algunas de las ideas, e incluso la misma estructura de los hexagramas del *YiJing* tienen interesantes paralelos con la ciencia y el pensamiento contemporáneo.

ADN

El ADN es una molécula formada por dos cadenas compuestas por nucleótidos formando una doble hélice que porta instrucciones genéticas para el crecimiento, desarrollo, funcionamiento y reproducción de todos los seres vivientes. Cada cadena de ADN está formada por la combinación de 4 nucleótidos: citocina (C), guanina (g), adenina (A) y timina (T).

El ADN almacena información biológica, que es replicada cuando las cadenas se separan. Más del 98% de la larga cadena de ADN es no codificante. La información genética está contenida dentro de genes que son las partes codificantes del ADN y codifican proteínas. Cada gen está formado por pequeños trozos que se llaman exones, es decir que un gen esta formado por varios exones.

La información contenida en los genes influencia en el fenotipo humano. La información contenida en cada gen es traducida a un ARN mensajero que puede definir una o más proteínas mediante reglas de traducción que se conocen colectivamente como código genético.

Cada codón porta la información para pasar la secuencia de nucleótidos del ARN mensajero a la secuencia de aminoácidos de la proteína en el proceso de traducción. Dado que cada codón codifica un aminoácido, hay 64 codones diferentes por combinación de los 4 nucleótidos en cada una de las 3 posiciones del triplete

De modo que los codones forman un sistema cuaternario −basado en el número 4−, por eso el número máximo posible de combinaciones para cada codón es $4^3 = 64$.

Las cuatro letras se corresponden con los cuatro posibles valores para una consulta oracular del *YiJing: yin, yin* mutante, *yang* y *yang* mutante, de modo que los codones podrían representarse perfectamente utilizando líneas partidas y enteras, quietas o mutantes.

Esto sugiere que la estructura del *YiJing* está organizada siguiendo los mismos principios que la estructura biológica de los seres vivientes.

Los 64 codones del ADN

TTT	Phe	TCT	Ser	TAT	Tyr	TGT	Cys
TTC	Phe	TCC	Ser	TAC	Tyr	TGC	Cys
TTA	Leu	TCA	Ser	TAA	STOP	TGA	STOP
TTG	Leu	TCG	Ser	TAG	STOP	TGG	Trp
CTT	Leu	CCT	Pro	CAT	His	CGT	Arg
CTC	Leu	CCC	Pro	CAC	His	CGC	Arg
CTA	Leu	CCA	Pro	CAA	Gln	CGA	Arg
CTG	Leu	CCG	Pro	CAG	Gln	CGG	Arg
ATT	Ile	ACT	Thr	AAT	Asn	AGT	Ser
ATC	Ile	ACC	Thr	AAC	Asn	AGC	Ser
ATA	Ile	ACA	Thr	AAA	Lys	AGA	Arg
ATG	Met	ACG	Thr	AAG	Lys	AGG	Arg
GTT	Val	GCT	Ala	GAT	Asp	GGT	Gly
GTC	Val	GCC	Ala	GAC	Asp	GGC	Gly
GTA	Val	GCA	Ala	GAA	Glu	GGA	Gly
GTG	Val	GCG	Ala	GAG	Glu	GGG	Gly

Teoría de la Sincronicidad

En occidente, el desarrollo de la ciencia se encauzó hacia un sistema rígidamente determinista, donde todo se explica siguiendo una cadena de causas y efectos. Este modelo científico, se basa en considerar a los entes que se estudian como entidades independientes, para poder estudiar a fondo su interacción sin distracciones, considerando que son objetos independientes y aislados.

En contraste, el pensamiento chino tradicional siempre estuvo muy interesado entre las correspondencias entre las cosas, considerando que todos los seres están inmersos en un patrón de correspondencias, que es lo que intenta reflejar el Libro de los Cambios.

Esta visión de la realidad considera que todos los seres están relacionados por una red de asociaciones y correspondencias. El comportamiento de las cosas así se explica, no solo por causación simple, sino también porque todos los seres resuenan con otras entidades con las que están relacionados, de una forma que no es inmediatamente obvia para los sentidos.

Podemos ver este pensamiento reflejado en la forma en que las líneas *yin* y *yang* de un hexagrama se relacionan entre sí, y cómo los mismos hexagramas se vinculan con otros hexagramas, formando una red inter-dependiente, como ya vimos en **La Estructura**.

En el último siglo con el desarrollo de la mecánica cuántica y la teoría de la sincronicidad propuesta por *Jung*, una nueva visión, que ve las cosas con un pensamiento más inclusivo y holístico, que no es rígidamente determinista, se introdujo en el pensamiento occidental.

Le mecánica cuántica introdujo el principio de la incertidumbre. La física cuántica reemplazó el rígido determinismo de la física newtoniana con un sistema probabilístico, que aún es causal, pero que se basa en un modelo de probabilidades estadísticas.

En 1952 Carl Jung publicó un artículo llamado "Sincronicidad - Un principio conector que no es causal".

La idea de Jung es que tal y como los sucesos están conectados por causalidad, también pueden estar conectados porque tienen un significado similar —desde el punto de vista del *YiJing*, diríamos que están en resonancia— , y no siempre requieren una explicación causal.

Jung adujo que ese principio explicaría las experiencias paranormales.

Los ejemplos de conexión no causales sincrónicas abundan.

Este es ejemplo de hace muchos años, tomado de mi propia vida:

> Levanté el teléfono para llamar a alguien, marqué su número; la persona en el otro lado de la línea levantó su auricular antes que el teléfono sonara, con la intención de llamarme a mí. Por supuesto, estuvo muy asombrada de que yo estuviera al otro lado de la línea sin que ella hubiera marcado mi número.
> Esto fue bastante extraño, máxime porque no nos comunicábamos con demasiada frecuencia y ambos vivíamos en una gran ciudad con muchísimas líneas telefónicas.

También Jung menciona un ejemplo parecido:

> "Camino con una paciente en un bosque. Ella me cuenta sobre el primer sueño en su vida que la había impresionado para siempre. Ella había visto un zorro espectral bajando las escaleras de su casa

paterna. En este momento un zorro real sale de los árboles a menos de 40 yardas de distancia y camina en silencio en el por delante de nosotros durante varios minutos. El animal se comporta como si fuera su pareja en la situación humana."

El pensamiento científico occidental clasificaría a estas ocurrencias como meras coincidencias. Desde el punto de vista del pensamiento tradicional chino, o la teoría de la sincronicdad de Jung, diríamos que son eventos sincrónicos que indican una resonancia entre distintos seres que están en resonancia.

Otro ejemplo de resonancia son los resultados obtenidos al consultar al *YiJing,* que muchas veces reflejan muy claramente la situación consultada.

Citando textualmente a Jung:

> "El principio filosófico que sustenta nuestro concepto de ley natural es la causalidad pero si la relación causa-efecto sólo es válida según una base estadística y sólo es relativamente verdadera, entonces la utilidad del principio causal para explicar los procesos naturales es solamente relativa y, por tanto, se presupone que harían falta uno o más factores distintos para dar una explicación. Esto es tanto como decir que la relación entre varios acontecimientos puede no ser causal en algunas circunstancias y requerir otro principio de explicación".

La teoría de la sincronicidad describe al mundo como un lugar donde nuestros pensamientos pueden resonar con otras criaturas, sin usar canales de transmisión causal, simplemente por el hecho de "estar en resonancia", conectados a través del entramado universal que soporta a todos los seres.

Edward Lorenz explicó este tipo de fenómenos como "el efecto mariposa", analogía basada en un proverbio chino que dice "el leve aleteo de las alas de una mariposa se puede sentir al otro lado del mundo".

Los detractores de la teoría de la sincronicidad dicen que aceptarla sería volver a la superstición y la creencia en la magia, donde hombres y espíritus están vinculados y se descartan las relaciones causales más obvias.

En realidad, ni los seguidores del *YiJing* ni Jung proponen descartar la causalidad ni abandonar el método científico. El método científico es una herramienta valiosísima, que no puede ni debe descartarse, pero no siempre es la herramienta más idónea, especialmente en temas relacionados con las relaciones interpersonales y la psique humana.

Como dijo José Luis Merino:

> "La objetividad, considerada como realidad independiente del observador, ha sido muy importante en el desarrollo de la ciencia moderna. Pero en las ciencias sociales y cognitivas, donde el

observador forma parte de la realidad observada, la objetividad es una ilusión. Con tanto más motivo sucede eso mismo en el arte y en la relación estética entre el artista (o el observador) de un lado y la obra de arte o el mundo circundante o su propia existencia, del otro. En sus diversas variantes, la separación entre sujeto y objeto es como mucho un momento del proceso, que se articula con el otro momento en que esos extremos son uno y fluyen al unísono. El verdadero problema —teórico y práctico— es la articulación adecuada de ambos momentos".

Merino dice que hallar el momento adecuado para acercarse y separarse es el punto a tener en cuenta. Eso no es muy diferente de lo que vemos en el texto del *YiJing*. En sus hexagramas el *YiJing* nos describe como estamos inmersos en la realidad que nos rodea, como nos vinculamos con ella y cómo y cuando debemos acercarnos o separarnos de las influencias que nos afectan. No somos seres aislados, somos parte de un universo inter-conectado, donde resonamos con muchas influencias. Reconocer esto es vital para poder articular correctamente nuestros pasos en la vida.

Matemática Binaria

Gottfried Wilhelm Leibniz (1646-1716) fue un filósofo y matemático alemán, que además tenía grandes conocimientos en diversas materias científicas.

El sistema de números binarios, que es utilizado ampliamente por las computadoras en nuestros días, fue descripto por Leibniz en el siglo XVII en sus tratados "De progressione Dyadica", en 1679 y "Explication de l'Arithmetique Binaire", en 1703. Sin embargo el no fue el primero en descubrir el sistema binario; un autor Indio, llamado Pingala, escribió sobre el sistema binario en "Chandahsastra, or Science of Meters", en 300 a.C.

Leibniz descubrió que ciertos cálculos podían hacerse mucho más fácilmente utilizando el sistema binario. En sus tratados, él analizó las posibilidades del sistema binario, y sus cuatro operaciones fundamentales, suma, resta, multiplicación y división y expresó su creencia de que en futuro máquinas calculadores podrían usar este sistema.

En 1701, el jesuita Joachim Bouvet se comunicó con Leibniz y le hizo llegar una copia de *Shao Yong* "*Xiantian cixu*" (Secuencia del Cielo Previo), escrito en el siglo XI d.C.

Como sinófilo, Leibniz conocía el *YiJing* y se fascinó al ver como los hexagramas, utilizaban los números binarios del 0 al 111111. El gráfico de *Shao*

Yong muestra claramente a los hexagramas ordenados siguiendo la secuencias de los números binarios. Leibniz asumió que este gráfico mostraba que los chinos habían alcanzado importantes logros en las matemáticas filosóficas, tópico que él amaba.

La siguiente figura muestra uno de los diagramas de *Shao Song,* mostrando el ordenamiento binario de los hexagramas: Diagrama de Fuxi de las Direcciones de los Sesenta y cuatro Hexagramas, en *Zhuzi quanshu,* vol 1, p. 20.

Nótese que esta figura muestra los números binarios escritos desde arriba hacia abajo. Si observamos los hexagramas dibujados en el centro, formando una grilla de 8 x 8 hexagramas, puede verse que el hexagrama inicial, es *Lo Receptivo,* al que le corresponde el número 0, porque tiene 6 líneas *yin;* el siguiente hexagrama es *La Desintegración*, que vale 1, porque la su única línea *yang* es la del tope; si continuamos leyendo, de izquierda a derecha y desde arriba hacia abajo, la secuencia numérica binaria continua hasta llegar al hexagrama *Lo Creativo*, que vale 63, en el extremo inferior derecho.

Los hexagramas como un sistema binario

Las líneas *yin* y yang *forman* un sistema binario; combinando ambos tipos de líneas en seis diferentes posiciones, se crean 64 hexagramas (64 = 1*2^6) que forman el *YiJing*.

El sistema de numeración decimal que utilizamos habitualmente se compone de diez símbolos o dígitos (0 al 9) que reciben un valor dependiendo de su ubicación dentro del número: unidades, decenas, centenas, millares, etc.

El valor de cada dígito está asociado al de una potencia de base 10 y un exponente igual a la posición que ocupa el dígito menos uno, contando desde la derecha.

Por ejemplo, el número 201, en el sistema decimal se desglosa así:

$$2 \text{ centenas} + 0 \text{ decenas} + 1 \text{ unidad}$$

o

$$2*10^2 + 0*10^1 + 1*10^0 = 201$$

El sistema binario, es un sistema de numeración en el que los números se representan utilizando solamente dos cifras: uno y cero —en el caso del *YiJing* diríamos *yin* y *yang*—. Por lo tanto su base es 2, que es el número de dígitos del sistema).

En el sistema binario, cada posición se eleva al cuadrado usando 2 como base.

Por ejemplo, el número 101, en el sistema binario se desglosa así:

$$1*2^2 + 0*2^1 + 1*2^0 = 5 \text{ (5 es el valor en números decimales)}$$

Los hexagramas tienen 6 posiciones. Asumamos que las líneas *yang* valen 1 y las *yin* 0, así podemos escribir cada hexagrama como un número binario.

Solo tendríamos que decidir como se relacionan las líneas del hexagrama con el número binario que representan, es decir elegir si ese número se escribe de arriba para abajo —desde la línea tope a la base— o viceversa..

Por ejemplo, tenemos el hexagrama número 3, *La Dificultad Inicial.*

Como puede verse en la figura superior, la línea de abajo, en la posición 1ra., es *yang* y la línea al tope, en la posición 6ta. es *yin*.

Si lo escribimos en binario, de arriba para abajo obtendremos 010001, que vale 17 en el sistema decimal; pero si lo escribimos de abajo para arriba, es decir empezando con la línea inferior, obtendremos 100010, que vale 34 en el sistema decimal.

En la siguiente imagen se puede ver como distintos hexagramas pueden escribirse en binario.

Escribir desde arriba hacia abajo		Hexagrama	Escribir desde abajo hacia arriba	
Decimal	Binario		Binario	Decimal
64	111111	▬▬	111111	64
0	000000	▬ ▬	000000	0
17	100010	▬ ▬	100010	34

Con esto en mente podemos notar que *Shao Yong* veía a los hexagramas como números binarios escritos desde arriba hacia abajo.

Pero el sistema binario no alcanza para describir las líneas mutantes, si cada línea en un hexagrama puede mutar, tenemos cuatro valores posibles para cada línea, no dos.

Sistema cuaternario

Ya vimos las dos opciones: *yang* o *yin*, pero ahora tenemos que considerar *yang*, *yang* mutante, *yin* y *yin* mutante.

Normalmente las líneas mutantes se dibujan agregando una X o un círculo en el medio de la línea, como muestra la siguiente imagen:

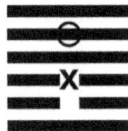

Cada respuesta oracular puede generar cualquiera de los hexagramas, que se convierte en otro, en el caso de tener líneas mutantes.

Cada hexagrama tiene 64 posibles combinaciones de distintas líneas mutantes —incluyendo entre ellas que no haya ninguna línea mutante—, porque cada línea del mismo puede tener cuatro estados diferentes: *yang, yin, yang* mutante o *yin* mutante. Los hexagramas con líneas mutantes forman un sistema cuaternario, no binario; dado que los hexagramas tienen 6 líneas, calculando 1*4^6 obtendremos 4096. Eso significa que el *YiJing* puede dar 4096 distintas respuestas oraculares.

Glosario

Palillos de milenrama. Los palillos o tallos de milenrama se han usado durante los últimos tres mil años como la forma tradicional de consultar el *ZhouYi/Yijing*.

Los palillos utilizados originalmente para la consulta oracular, eran tallos de la milenrama asiática, *Achilea mongolica*; en Europa, la especie más parecida es la milenrama europea, *Achilea millefolium*. En la actualizad se utilizan palillos hechos con distintos materiales: madera, bambú, etc.

Ignoramos el tamaño de los palillos usados en la antigüedad. El número de palillos es cincuenta, aunque solo se usan 49. Quizás esto esté relacionado con las antiguas clepsidras chinas −relojes de agua−, que dividían el día en 50 unidades. Solo se usan 49 palillos para que el tiempo nunca se acabe.

Las probabilidades de obtener líneas mutantes *yang* o *yin* en una consulta oracular, no son las mismas usando palillos que si se emplean monedas. Con las monedas existe la misma probabilidad de obtener líneas mutantes *yin* o *yang*, pero con los palillos, hay más posibilidades de obtener líneas mutantes *yang* que *yin*. La posibilidad de obtener líneas *yang* o *yin* que no muten, es la misma.

Romanización significa representar los signos de un sistema de escritura mediante los signos de otro. Desde el siglo XIX se utilizó el método *Wade-Giles* para escribir con letras occidentales, o romanizar, la pronunciación de los caracteres chinos. Ese método fue creado por dos estudiosos británicos, Sir Thomas Wade y Herbert Allen Giles. *Hanyu Pinyin* −normalmente conocido como *Pinyin*− es un nuevo sistema de romanización de los caracteres chinos, desarrollado por estudiosos chinos y aceptado como estándar en todo el mundo desde finales del siglo XX.

Es importante destacar que la romanización no puede identificar unívoca-
mente a los caracteres chinos cuya pronunciación representa, porque hay muchos caracteres chinos que comparten la misma pronunciación.

Shang. La dinastía *Shang* es la primera dinastía china de la que tenemos registros documentales y arqueológicos, se estima que se inició en 1556 a.C. y
perduró hasta 1046 a.C. cuando los *Zhou* los depusieron.

ShiJing. El *ShiJing*, Libro de las Odas, Canciones o Poesía, o Clásico de la
Poesía, junto al *YiJing*, es uno de los **clásicos** de la cultura confuciana de
China. Sus 315 capítulos incluyen rimas de las dinastías *Shang* y *Zhou*. Procede
de la misma época que el *ZhouYi*.

Shuowen Jiezi, a menudo abreviado como *Shuowen*, es un diccionario chino
de principios del siglo II de la dinastía *Han*. Aunque no es el primer dicciona-
nario completo de caracteres chinos, fue el primero en analizar la estructura
de los caracteres y en dar la razón de ser de los mismos, así como el primero
en utilizar el principio de organización por secciones con componentes com-
partidos, llamados radicales.

Wen. El rey *Wen* es honrado como el fundador de la dinastía *Zhou* y el creador del *ZhouYi,* el "Cambio de los Zhou» –que con el tiempo se convirtió
en el *YiJing*–, aunque su hijo, *Wu*, fue el que derrocó a la dinastía *Shang*. Su
nombre original era *JiChang*, luego que su hijo *Wu* derrocó a los *Shang*, fue
nombrado rey *Wen* póstumamente.

La tradición nos cuenta que mientras *Wen* estaba aprisionado por el rey
Shang –que era un tirano y el último rey de la dinastía *Shang*–, el diseñó los
hexagramas, combinando los trigramas de 64 formas distintas y escribió los
textos conocidos como *GuaCi* (el Dictamen) para explicar cada hexagrama..

Zhou. La dinastía *Zhou, que* precedió a la dinastía *Shang,* se divide en dos
partes: Zhou del Oeste (1046 a.C.-771 a.C) y Zhou del Este (771 a.C.-221 a.C).

ZhouYi. Los textos de los 64 hexagramas, *GuaCi,* y los textos adscritos a
sus líneas, *YaoCi*, combinados en su solo libro, se conocieron en su época
como *ZhouYi,* El Cambio de los *Zhou*, debido a que sus creadores –de acuerdo a la tradición– fueron el rey *Wen* y su hijo el duque Dan de *Zhou*.

El *ZhouYi* es un libro mucho más compacto que el *YiJing* que se viene
usando en los últimos milenios, porque no contiene ninguno de los
comentarios que son parte de las Diez Alas, su longitud es poco más de 5000
caracteres.

www.ingramcontent.com/pod-product-compliance
Lightning Source LLC
Chambersburg PA
CBHW030847090426
42737CB00009B/1139